KB037215

# 비핵화의 최후

## - 보이지 않는 전쟁

# 비핵화의 최후
## - 보이지 않는 전쟁

정욱식 지음

유리창

# 멈추지 말고 앞으로 나아가십시오

깊이 돌아볼수록 정확하고 멀리 내다볼 수 있다고 합니다. 저는 4개월 전에 출간한 《핵과 인간》이라는 책에서 한반도를 중심에 놓고 핵의 70년사를 돌아봤습니다. 그리고 이 책을 통해 현재를 분석하고 미래를 내다보고자 했습니다.

최근 성수기(!)를 맞이한 탓에 강연 기회가 부쩍 늘었습니다. 청중들 가운데 어떤 분들은 저에게 다가와 "마음이 무거워졌다"고 저를 타박(?)합니다. 그리고 어떤 분들은 "왜 이런 얘기를 언론이나 다른 전문가한테는 들을 수 없냐"며 책으로 써달라고 압박(?)합니다. 이 책은 제 강연을 듣고 짙은 한숨과 붉어진 눈망울로 저를 바라보던 많은 분들에게 보내는 연대사입니다. 2018년 기적과도 같은 평화의 기회를 만들어낸 촛불시민들에게 역사적 소명의식을 함께 짊어지자는 호소입니다.

책의 요지는 이대로 가다가는 비핵화가 안 될 것 같다는
'안타까움'입니다. 비핵화가 안 된다는 건 결국 평화체제도,
남북관계의 획기적 발전과 새로운 경제적 블루오션 창출도
어려워진다는 것을 의미합니다. 기우이기를 바라지만 이 책
은 이 불길한 예감의 기록입니다. 그리고 희망의 근거를 찾
고자 몸부림친 흔적입니다. 원하지 않는 미래를 경고함으로
써 원하는 미래를 만들어보자는 호소입니다.

대통령을 비롯한 문재인 정부 인사들은 간혹 "아무도 가
지 않은 길을 가고 있다"는 말로 2018년 평화를 향한 담대
한 여정을 표현하곤 합니다. 하지만 적절한 표현은 아닙니
다. 노태우, 김대중, 노무현 등 전임자들도 이미 그 길에 나선
바 있습니다. 하지만 번번이 실패로 끝나고 말았습니다. 하
여 문재인 정부에게 필요한 덕목은 차별성의 부각이 아니라
전임자들이 왜 실패했는지 냉철하게 따져보고 실패를 되풀
이 하지 않을 지혜와 용기와 인적 진용을 갖추는 일입니다.
평화 프로세스를 좌초시킨 원인들은 다양한 변종을 거쳐

오늘날에도 거의 그대로 남아 있기 때문입니다.

희망과 불안이 교차하고 있는 오늘날 우리가 가슴에 새겨야 할 말이 있다면, 프란치스코 교황이 문재인 대통령을 만난 자리에서 한 말이 아닐까 합니다.

"멈추지 말고 앞으로 나아가십시오, 두려워하지 마십시오."

2018년 11월 망원동 사무실에서
정욱식

# 1. 문재인의 운명

2018년 9월 19일 저녁에 문재인 대통령이 평양 능라도 경기장에 마련된 단상 위로 모습을 드러냈다. 세계 최대 규모인 이 경기장에는 약 15만 명의 평양시민들로 가득 차 있었다. 문 대통령의 연설대 옆에는 김정은 국무위원장 부부도 앉아 있었다. 이 자리에서 문 대통령은 이렇게 역설했다.

"백두에서 한라까지 아름다운 우리 강산을 영구히 핵무기와 핵위협이 없는 평화의 터전으로 만들어 후손들에게 물려주자고 김정은 위원장과 확약했습니다."

북한 주민들은 팔을 높이 뻗어 흔들며 환호했다. 많은 사람들이 뽑는 최고의 명장면 가운데 하나였다. 그런데 이로

부터 1년 전에 평양시민들은 정반대의 얘기를 들었다. 2017년 9월 3일 북한은 6차 핵실험을 실시하고는 사흘 후에 대규모 군중집회를 열었다. 김일성 광장을 가득 메운 북한 주민들은 줄줄이 연설대에 선 북한 지도부 인사들로부터 이런 얘기를 들었다.

"초강력 열핵무기의 뢰성을 터쳐 올린 것은 위대한 수령 김일성 동지와 위대한 령도자 김정일 동지께 드리는 선물이며 조선의 군대와 인민에게 천백배의 신심과 용기를 안겨준 민족사적 대경사라고 격정을 터쳤습니다."

열렬한 환호가 터져나왔음은 물론이다. 북한 주민들은 2018년 초까지만 하더라도 자신들이 허리띠를 졸라매 "국가 핵무력 건설을 완성했다"는 자부심을 갖고 있었다. 그 자부심이 자발적으로 나온 것일 수도 있고, 주입된 것일 수도 있지만 말이다. 이랬던 북한 주민들은 어느 날, 즉 4월 27일 판문점 선언이 나온 이후부터는 '핵무기와 핵위협 없는 평화'를 염원하기 시작했다. 문 대통령과 김 위원장이 '완전한 비핵화'에 합의했기 때문이다.

하지만 문 대통령의 감동적인 연설에 기립박수로 화답한 북한 주민들에게 '핵무기와 핵위협이 없는 평화의 터전'은 결코 북한의 핵포기에 국한되지 않는다. 미국의 〈AP〉 통신은 한국전쟁 발발 60년째를 맞이해 미국의 비밀 해제 문서를 분석해 다음과 같이 전했다. "1950년대부터 오바마 행정부에 이르기까지, 미국은 반복적으로 북한에 대해 핵무기 사용을 고려해왔고, 계획해왔으며, 위협해왔다."* 그 이후에는 더 했다. 가령 2017년에 미국의 도널드 트럼프 대통령은 북한을 향해 "인류 역사가 경험하지 못한 화염과 분노에 휩싸이게 될 것"이라고도 했고 "완전히 파괴할 것"이라고 위협하기도 했다.

### '원자탄 피난민'과 문재인

냉정하게 본다면 1945년 일본의 히로시마와 나가사키에 핵폭탄이 투하된 이후 핵위협에 지속적으로 노출되어왔

---

* The Associated Press, October 10, 2010.

던 사람들은 북한 주민들이다. 미국의 핵위협과 북한 정권의 반미 선전이 지속적으로 화학작용을 일으키면서 핵위협은 북한 주민들에게 오래도록 깊숙이 체화된 것이었다. 그 역사적 뿌리는 문 대통령의 운명과도 같은 가족사와 연결되어 있다. 북한 주민들에게 문 대통령은 '원자탄 피난민 2세'나 다름없기 때문이다.

잘 알려진 것처럼 문재인은 피난민 2세이다. 북한의 기습적인 전면 남침으로 발발한 한국전쟁은 1950년 9월 인천상륙작전에 힘입어 극적인 역전에 성공했다. 그리고 '인천의 마법사'가 된 더글러스 맥아더 유엔군 사령관은 38선을 돌파해 북진에 나섰다. 파죽지세로 밀어붙인 결과 한국군의 일부는 압록강 강변에 도달했다. 참전한 미군들은 "크리스마스이브는 가족들과 보낼 수 있게 되었다"고 들떠 있었고, 미국 본토는 축제 분위기였다.

하지만 북진통일의 꿈도, 귀향의 기대도 이내 싸늘하게 식어버렸다. 이러한 부푼 꿈이 "중국은 미국의 원자탄이 무서워 절대로 참전하지 못할 것"이라는 맥아더의 확신과 더

불어 중국군의 대규모 개입으로 처참하게 무너진 것이다. 중국군들은 개마고원의 장진호 부근에 주둔하고 있던 유엔군을 포위·공격했다. 그러자 미국의 종군 기자들은 수만 명의 미군들이 절멸의 위기에 처했다고 본국에 타전했다. 승전의 환호성은 이내 우울한 장송곡으로 바뀌고 말았다.

미군은 중국군의 포위망을 뚫고 흥남 부두를 향해 필사적인 철수 작전에 돌입했다. 미군만 흥남으로 향한 것이 아니었다. 약 30만 명의 북한 주민들도 이들을 따라 나섰다. 30만 명의 주민들 가운데 약 9만1000명이 극적으로 메러디스 빅토리아 호를 비롯한 미군 함정에 몸을 실을 수 있었다. 여기에는 문재인의 부모도 있었다.*

2017년 6월 피난민의 아들은 대통령이 되어 미국을 방문했다. 그리고 첫 공개행사로 장진호 전투 기념비를 찾아 "장진호의 용사들이 없었다면, 흥남 철수작전의 성공이 없었다면, 제 삶은 시작되지 못했을 것이고, 오늘의 저도 없었

---

* 문재인, 대한민국이 묻는다: 완전히 새로운 나라, 문재인이 답하다 (21세기북스, 2017년), 21-25쪽.

을 것"이라고 헌사했다. 또한 "한미동맹은 저의 삶이 그런 것처럼 양국 국민 한 사람 한 사람의 삶과 강하게 연결되어 있다"며 "한미동맹은 더 위대하고 더 강한 동맹으로 발전할 것"이라고 역설했다. 그리고 "위대한 한미동맹의 토대 위에서 북핵 폐기와 한반도 평화, 나아가 동북아 평화를 함께 만들어 가겠다"고 다짐했다. '크리스마스의 기적'으로도 불리는 흥남 철수와 이에 얽힌 문재인의 가족사, 그리고 대통령 문재인의 헌화와 헌사는 각본 없는 드라마였다. 그만큼 많은 화제와 큰 감동을 선사했다.

그렇다면 문재인의 부모를 비롯한 무려 30만 명에 달하는 북한 주민들이 필사적인 탈출을 시도한 이유는 무엇이었을까? 각기 다양한 사연이 있었겠지만, '원자탄'의 공포가 핵심적인 이유였다. 중국의 참전으로 또다시 전세가 역전된 것이 확실해진 11월 30일 미국의 트루먼 대통령은 기자회견장에 나섰다. 이 자리에서 그는 핵공격 가능성을 공개적으로 언급했다.* 프로파간다에 능한 공산 진영이 이를 놓칠

---

* 이에 대한 상세한 내용은 정욱식, 핵과 인간, (서해문집, 2018년), 125-133쪽 참조.

리 없었다. 이들은 방송과 유인물을 통해 미국이 드디어 마각을 드러냈다며 미국의 핵전쟁 위협을 선전전에 적극 활용했다. 이렇듯 방송과 유인물을 통해 미국의 원자탄 투하가 임박했다고 여긴 상당수의 북한 주민들은 흥남 부두로 향했던 것이다. 그리고 북한은 그 후 수십 년 동안 이렇게 주장해왔다.

"미국의 원자탄 공갈로 하여 전쟁 기간 조선반도에서는 북으로부터 남으로 흐르는 '원자탄 피난민' 행렬이 생겨났다. 가족이 함께 움직일 수 없는 많은 집들에서 가문의 대를 이으려는 일념으로 남편이나 아들만이라도 남쪽으로 피난 보냈다. 이렇게 되어 생겨난 수백만에 달하는 '흩어진 가족'이 오늘도 조선반도의 북과 남에 갈라져 살고 있다."*

그렇다면 문재인과 김정은의 확약, 즉 '핵무기와 핵위협이 없는 평화의 터전'을 만들겠다는 꿈은 이뤄질 수 있을

---

* 북한 외무성 비망록, 2010년 4월 10일.

까? '원자탄 피난민 2세'로서, 대한민국 대통령으로서는 처음으로 평양시민들 앞에서 연설을 했던 문재인의 운명적 행보의 종착점은 어디가 될까?

## 2. 남북관계 발전의 '비극들'

한반도 위기가 정점을 향해 치닫고 있었던 2017년 5월에 취임한 문재인 대통령은 기회가 있을 때마다 남북관계 개선이 한반도 비핵화에도 도움이 될 것이라고 역설해왔다. 대표적으로 2018년 8월 15일 광복절 경축사에서 "한반도 문제는 우리가 주인이라는 인식이 매우 중요하다"며 아래와 같이 강조했다.

"남북관계 발전은 북미관계 진전의 부수적 효과가 아닙니다. 오히려 남북관계의 발전이야말로 한반도 비핵화를 촉진시키는 동력입니다. 과거 남북관계가 좋았던 시기에 북핵 위협이 줄어들고 비핵화 합의에까지 이를 수 있던 역사적 경험이 그 사실을 뒷받침 합니다."

지극히 옳고도 당연한 말이다. 남북관계 발전이 북미관계 개선과 비핵화를 추동하고 이것이 또한 남북관계의 더 큰 발전을 가져오는 '선순환'이야말로 가장 이상적인 모델인 것만은 분명하다. 하지만 유념해야 할 것이 있다. 남북관계가 좋아진다는 것은 평화적인 현상 변경을 잉태할 수밖에 없고 또한 그래야만 한다. 그런데 한반도의 현상 변경은 수십 년간 지속되어온 현상 속에서 익숙해진 이해관계의 전면적인 재조정도 잉태하게 된다. 여기서 한반도 현상(status quo)이란 1945년 이래 지속되어온 분단과 한국전쟁이 낳은 역사적 쌍생아인 정전체제와 한미동맹을 의미한다. 가령 핵심적인 질문은 이런 것이다. '한반도 평화와 한미동맹 유지·강화는 같이 갈 수 있을까?' 이 질문에 대한 답을 먼저 역사 속에서 찾아보자.

**이상하고도 어김없는 패턴**

현재진행형인 2018년 상황을 논외로 한다면, 남북관계 개선이 북미관계 및 북한의 핵·미사일 문제 해결에 기여할

뻔한 유의미한 사례는 딱 한번 있었다. 1998~2000년까지 김대중 정부 임기 전반기 때가 이에 해당된다. 김대중 정부는 출범 6개월 만에 북미 대결에 맞닥뜨려야 했다. 98년 8월 북한의 금창리 핵의혹 시설 논란*과 장거리 로켓 발사가 불거지면서 미국 내에선 강경론이 득세했다. 하지만 김대중 정부는 이를 전화위복의 계기로 삼았다. "북한의 핵과 미사일 문제의 근원은 한반도 냉전구조에 있다"며, 클린턴 행정부의 대북정책을 적극 견인했다. 그 결과 북미 대화는 본궤도에 올랐고, 2000년 9월과 10월에는 북미 간에 특사 교환까지 이뤄졌다. 빌 클린턴 대통령은 방북까지 약속했었다.**

이 사례를 제외하고는 과거 여러 차례 남북관계 발전은 엉뚱하게도 한반도 위기로 이어졌다. 선뜻 납득하기 힘든 일이다. 남북관계 발전은 한반도 정세 안정화에 도움이 되어야 했는데, 왜 거꾸로 위기로 이어진 사례가 많았던 것일까? 실제로 남북관계를 비롯해 한반도 정세가 중대한 전환

---

* 미국 정보기관이 언론에 흘린 정보로 촉발된 이 논란은 미국의 전문가팀이 1999년 두 차례에 걸쳐 금창리 현장 방문 결과 텅 빈 터널로 확인되면서 일단락되었다.

** 당시 북미관계의 개선과 클린턴의 방북 약속은 그해 11월 미국 대선에서 공화당의 조지 W. 부시가 당선되면서 없었던 일이 되고 말았다.

점에 설 때마다 미국은 북한의 비밀 핵개발 의혹을 제기하고 북한은 이를 반박하면서 맞대응을 선택해왔다.*

 그 기원은 1990년대 초반으로 거슬러 올라간다. 당시 남북관계는 물론이고 북일관계도 급물살을 타고 있었다. 그런데 미국의 중앙정보국(CIA)과 국방부 산하 국방정보국(DIA)은 북한의 비밀 핵무기 개발 의혹을 제기하면서 이를 '기만계획'이라고 불렀다. 핵심적인 요지는 북한이 국제원자력기구(IAEA)에 신고한 플루토늄 90g은 거짓이고 북한의 플루토늄 보유량은 핵무기 1~2개 분량인 10kg 정도 된다는 것이었다. 이러한 '불일치'가 발생하자 미국은 북한에 특별사찰을 요구했고 북한이 이를 '강도적 요구'라며 거부했다. 그러자 딕 체니 국방부 장관은 한미정상이 중단하겠다고 발표한 '팀 스피릿' 훈련을 재개하겠다고 발표했고, 북한은 이에 격렬히 반발하면서 핵확산금지조약(NPT)에서 탈퇴하겠다고 발표했다. 이른바 '1차 북핵 위기'는 이렇게 시작되었다.

---

* 이에 대한 실증적 해설은 〈핵과 인간〉, 4부 참조.

그런데 1992년 불거졌던 '불일치' 문제는 16년 후에 대략적인 진실이 드러났다. 2008년 미국은 북한이 건네준 핵시설 가동 일지를 검토한 결과 북한이 1992년에 신고한 게 정확했다는 잠정 결론을 내렸다. 2002년에 북한을 이라크 및 이란과 함께 '악의 축'으로 불렀던 부시 대통령이 2008년에 북한을 테러지원국 목록에서 제외하겠다고 발표한 결정적인 배경도 바로 여기에 있었다.

2000년대 초반에도 유사한 일이 벌어졌다. 이때에는 최초의 남북정상회담이 2000년 6월에 열리는 등 남북관계가 전성기를 맞이하고 있었을 뿐만 아니라 2002년 9월에는 최초의 북일 정상회담도 성사돼 '평양 선언'이 채택되기도 했었다. 그런데 2000년 11월 미국 대선에서 천신만고 끝에 정권교체에 성공한 미국 공화당이 취한 첫 번째 조치가 바로 대북정책 '교체'였다. 이들은 인수위 시기에 클린턴의 방북을 가로막았을 뿐만 아니라 백악관에 들어가자마자 대북 협상을 중단시키고는 '북한 위협'을 이유로 미사일방어체제(MD) 구축을 선언했다.

2002년 10월에는 북한이 고농축 우라늄(HEU)을 이용해 비밀리에 핵무기를 개발하고 있다는 의혹을 제기했다. 그리고 이를 근거로 1994년 제네바 합의뿐만 아니라 남북관계와 북일 관계에도 제동을 걸려고 했다. 당시 부시 행정부의 의도는 존 볼턴 국무부 차관(2018년 현재는 백악관 안보보좌관)의 발언 속에 잘 담겨 있다. "HEU는 제네바 합의를 깨부술 해머다."

북한의 우라늄 농축 의혹은 여전히 논란거리이지만, 분명한 점은 있다. 김정일 국방위원장은 친서를 부시 대통령에게 보내려고 하는 등 대화를 통한 문제 해결을 강력히 희망했었다. 하지만 부시 행정부는 편지조차 받지 않았을 뿐만 아니라 중유 제공도 중단했을 만큼 강경한 자세로 일관했다. 이로 인해 제네바 합의는 깨졌고 북한은 봉인되었던 플루토늄 프로그램을 재가동하고 말았다. 이른바 '2차 북핵위기'는 이렇게 시작되고 말았다.

2007년에는 북한의 시리아 핵 개발 지원설이 불거졌다. 이때에는 부시 행정부가 뒤늦게 북한과의 직접 협상을 선택해 2·13 합의와 10·3 합의가 나오는 등 북미관계와 6자회담이 선순환을 그리고 있었다. 이에 힘입어 2차 남북정상회담도 열렸다. 그런데 딕 체니 부통령 등 잔존 네오콘은 이스라엘이 공습한 시리아의 의혹 시설은 핵시설이고 이건 북한이 지어준 것이라고 주장했다. 진실은 오리무중에 빠졌고 협상 동력은 급격히 위축됐다. 설상가상으로 청와대의 새로운 주인이 된 이명박 정부마저 대북정책을 '교체'하면서 6자회담은 파국을 맞이하고 말았다.

그렇다면 왜 한반도 정세가 중대한 전환점에 설 때마다 어김없이 미국발 '비밀 북핵설'이 불거진 것일까? 이는 미국의 패권 전략과 긴밀히 연결되어 있다. 미국이 중국에 대한 견제와 봉쇄의 필요성을 강하게 느낄 때마다 북핵 문제를 과장하고 강경하게 대응해왔다는 것이다. 이러한 양상을 이해하는 것은 대단히 중요하다. 과거지사가 아니라 지금 현재에도, 그리고 앞으로도 얼마든지 벌어질 수 있는 일이기 때문이다.

1990년대 초반에 미국은 세계적인 탈냉전 분위기에 따라 주한미군도 대대적으로 감축할 계획이었다. 하지만 펜타곤은 중국의 부상에 대비해 대규모의 주한미군 주둔이 필요하다는 입장이었다. 그리곤 이를 정당화하기 위해 북한의 핵 능력을 침소봉대하고 중단키로 했던 '팀 스피릿' 훈련 재개를 밀어붙였다. 이러한 강경책의 이면에는 21세기도 '미국의 세기'로 만들기 위해서는 경쟁자로 부상할 가능성이 있는 중국을 군사적으로 견제·봉쇄해야 한다는 전략적 판단이 강하게 깔려있다. 그리고 북핵 위기를 틈타 주한미군 3단계 감축 계획은 중단되었을 뿐만 아니라 제네바 합의에도 불구하고 주한미군은 오히려 강화되었다.

2000년대 초반에 부시 행정부는 중국을 '전략적 경쟁자'로 명명하고는 중국을 견제하고 봉쇄하기 위해 미사일방어체제(MD) 및 한미동맹 재조정과 미일동맹 일체화를 추진했다. 그리고 이를 위한 가장 큰 구실로 '북한위협론'을 들고 나왔다. 2009년에 집권한 오바마 행정부도 비슷한 행태를 보였다. 미국이 이라크 및 아프가니스탄과의 전쟁에 허덕이고 금융위기의 늪에 빠진 사이에 중국은 급격히 부상했다. 그러자 오바마 행정부는 2009년 말부터 대북정책과 관련해서는 '전략적 인내'로 후퇴했고 중국을 겨냥해서는 '아시아 재균형 전략'을 추구했다.

## 또다시?

1990년을 전후해 유럽 공산국가들의 체제 전환과 독일 통일, 그리고 소련의 몰락이 연이어 일어나면서 미국은 냉전에서의 승리를 선언했다. 동시에 아시아에서 부상하던 중국을 주시했다. 하지만 미국은 대놓고 중국봉쇄론을 말하는 것은 꺼려했었다. 양국의 이해관계가 밀접하게 연관된 상황에서 중국을 적대국으로 취급하는 것은 미국에게도 상당한 부담이었기 때문이다. 그래서 미국은 북한위협론을 '꽃놀이 패'로 이용했었다.

그런데 2017년 들어 이러한 20여 년 간의 패턴에 중대한 변화가 생겼다. 먼저 '말이 씨가 된다'고 북한은 실제로 미국 본토를 공격할 수 있는 능력 구비의 문턱까지 도달했다. 이로 인해 미국은 더 이상 북한에 대한 '전략적 인내'를 지속하기가 어려워졌다. 또한 미국은 2017년 12월에 발표한 국가안보전략(NSS) 보고서에서 중국과 러시아를 '국제질서의 현상변경을 추구하는 수정주의 국가들'로 못 박았다. 냉전 종식 이후 이 표현이 미국의 국가 문서에 등장한 것은 이때가 처음이었다.

미국의 관성에 비춰볼 때, 대북 협상과 대중 봉쇄는 어울리는 짝이 아니었다. 하지만 북한의 핵탄두 장착 대륙간탄도미사일(ICBM) 보유 저지는 당면 과제였고, 중국 견제는 전략적 과제였다. 그리고 트럼프 행정부는 2018년 6월 북미 정상회담을 거치면서 북한의 핵탄두 ICBM 제한이라는 소기의 목적을 달성하자 중국 견제 및 봉쇄 쪽으로 빠르게 방향을 전환했다. 이게 우연의 일치인지는 알 수 없다. 다만 1차 북미정상회담 이후 미국의 대북정책이 일방적이고 강경하게 변해온 것과 미국이 중국을 상대로 무역전쟁에 본격적으로 나선 것은 시기적으로 일치했다.

트럼프 대통령이 중국의 시진핑 주석을 대하는 태도도 180도 달라졌다. 그는 1차 북미정상회담 성사를 두고 "내

친구 시 주석의 큰 도움을 잊지 말라"며 "그가 없었다면 (북미관계는) 더욱 길고도 험난한 길이 되었을 것"이라고 중국의 역할을 치켜세웠다. 하지만 싱가포르 정상회담 이후에는 화법이 확연히 달라졌다. 북한이 미국에 불만을 표하거나 북미협상에서 트럼프 자신이 만족할 만한 성과가 나오지 않으면 그 책임을 중국에 전가하는 화법을 즐겨 사용한 것이다. 일례로 트럼프는 2018년 8월 24일 마이크 폼페이오 국무장관의 방북을 취소하면서 이렇게 주장했다. "우리의 무역에 관한 훨씬 더 강경한 입장 때문에 중국이 예전만큼 비핵화 과정을 돕고 있지 않다."

1차 북미정상회담 이후 미국의 달라진 태도는 가장 근본적인 물음을 또다시 떠올리게 한다. 미국이 북한을 대하는 태도가 변한 배경에는 미국이 '중국몽'을 꺾기 위한 전략적 의도가 반영된 것이 아니냐는 의문이 바로 그것이다. 중국은 미중 무역전쟁과 한반도 문제는 별개라는 입장을 분명히 해왔지만, 미국은 이 두 가지를 연계시키면서 북한과 중국을 동시에 압박해왔다. 특히 미중 무역전쟁에서 중국에게 사실상 백기투항을 요구하면서 그렇지 않을 경우 무역전쟁

격화는 물론이고 한반도 비핵화가 이뤄지지 않는 책임도 중국에 전가하려고 한다.

6·12 싱가포르 북미정상회담 직후에 미국 내에서 벌어진 일도 주목할 필요가 있다. 당시 트럼프는 한미연합군사훈련 중단에 이어 종전선언과 주한미군 철수까지 시사했다. 그러자 미국 의회, 언론, 싱크탱크 등은 이에 거세게 반발했다. 이처럼 트럼프와 미국 주류 사이의 언쟁이 점입가경으로 치닫던 와중에 미국의 일부 정보기관과 언론은 북한의 비밀 핵 의혹을 또다시 제기하고 나섰다.

〈NBC〉 방송은 6월 29일 정보당국의 보고서 내용을 인용해 "북한이 최근 몇 달간 여러 곳의 비밀 장소에서 핵무기의 재료인 농축 우라늄 생산을 늘리고 있다"고 보도했다. 다음날 〈워싱턴포스트〉 역시 복수의 미국 정부 관계자들을 인용해 "국방정보국(DIA)은 북한이 미국 정부를 속이고 핵탄두와 미사일, 핵 개발 관련 시설의 수를 줄여서 신고하는 방법을 찾고 있다는 결론을 내렸다"고 보도했다. DIA는 북한의 핵 보유량을 65개 정도로 추산하고 있는 반면에, 북한은 이보다 훨씬 적게 신고할 가능성이 높다는 것이다.*

이러한 판단은 북한이 이미 공개한 영변의 우라늄 농축 시설 이외에 '비밀 시설'을 보유하고 있을 것이라는 정보 분석에 근거한 것이다. 이와 관련해 〈워싱턴포스트〉는 미국의 정보기관이 북한이 '강선'으로 불리는 지역에 2010년부터 대규모의 지하 우라늄 농축 시설을 가동해왔다고 여긴다고 전했다. 북한의 핵보유량이 65개에 달한다는 추정은 북한이 이곳을 포함한 한두 곳의 비밀 우라늄 농축 시설에서 핵분열 물질을 생산했을 것이라는 가정에 기반을 둔 것이었다.

북한이 미공개 우라늄 농축 시설을 보유하고 있을 것이라는 의혹은 이전에도 지속적으로 제기됐었다. 하지만 그 규모가 공개된 영변 시설의 2배 이상이라는 주장이, 그것도 정보기관에서 제기된 것은 예사롭지 않았다. 북한의 비밀 핵 프로그램의 실체가 드러난 것일 수도 있지만, 군부를 비롯한 미국 강경파들의 언론을 통한 반격이 본격화된 것이라

---

* The Washington Post, June 30, 2018.

고 해석할 수도 있기 때문이다. 전자의 가능성도 염두에 둬야 하지만, 후자의 가능성도 경계해야 한다. 앞선 사례들을 종합해보면, 미국의 강경파들은 한반도 평화 분위기가 무르익을 때마다 북한의 비밀 핵 의혹을 '전가의 보도'처럼 꺼내 들었기 때문이다. 그리고 그 의혹은 대부분 사실이 아니었지만, 그 목적은 대부분 달성되기도 했었다.

# 3. 종전선언은 왜 안 된 것일까?

    6·12 북미정상회담과 그 이후에 미국의 달라진 태도를 잘 보여주는 것이 바로 종전선언이다. 곧 종전선언을 할 것처럼 약속했다가 계속 뒤로 미루는 모습을 보여 왔기 때문이다. 종전선언을 공론화한 문재인 대통령은 연내, 즉 2018년 이내에 종전선언을 할 수 있다는 희망을 계속 피력해왔지만 그 가능성은 갈수록 희박해지고 있다. 트럼프 행정부가 2차 북미정상회담을 2019년 이후에 하겠다는 입장을 밝혔기 때문이다. 그렇다면 종전선언이 무엇이고 왜 미국은 주저하는 것일까?

## 한국전쟁을 끝낸다는 것의 의미

문제 해결에 접근할수록 그 문제를 만들어낸 본질적인 문제가 드러날 수밖에 없다. 한국전쟁을 끝내려고 하는 종전선언도 이러한 맥락에서 이해할 필요가 있다. 한국전쟁이 남긴 세 가지 근본 문제, 즉 한반도 정전체제와 한미동맹, 그리고 핵문제와 맞닿아 있기 때문이다. 이들 가운데 한미동맹 문제는 가급적 건드리지 않으려고 한다. 하지만 이게 뜻대로만 되질 않는다. 비핵화와 더불어 정전체제가 평화체제로 전환되면, 한미동맹도 어떠한 형태로든 영향을 받을 수밖에 없기 때문이다. 이러한 긴장 관계는 최초의 체제 형성 때부터 잉태되었다.

1953년 7월 27일 한국전쟁을 휴전하기로 한 정전협정은 한미 간 상호방위조약과 주고받은 성격이 짙었다. 북진통일을 국시로 내세운 이승만 정권은 한사코 정전협정에 반대했었다. 그리고 그의 목표는 한미상호방위조약 체결이었다. 정전협정 체결이 초읽기에 들어갔던 1953년 6월 6일 이승만 대통령은 긴급 성명을 발표했다. "공산군과 유엔군이 한반

도에서 동시에 철수할 것"을 제안하면서 "이에 앞서 한미상
호방위조약을 체결해야 한다"고 주장했다. 그러면서 상호방
위조약에는 세 가지 내용이 포함되어야 한다고 요구했다.

첫째는 한국이 타국의 공격을 받을 경우 "미국은 자동적
이고 신속하게 개입해야 한다"는 것이다. 둘째는 "한국이 독
자적인 능력을 갖출 수 있도록 무기와 탄약, 그리고 병참 물
자가 제공되어야 한다"는 것이다. 셋째는 "한국이 적절한 능
력을 구비할 때까지 미국은 한국에 공군과 해군을 남겨두
어야 한다"는 것이었다. 이승만은 "이러한 제안이 받아들여
지지 않을 경우 우리는 계속 전쟁을 하겠다"며 미국을 압박
했다.* 이러한 요구가 즉각적으로 받아들여지지 않자, 반공
포로를 몰래 석방해 정전협상에 찬물을 끼얹기도 했다. 이
승만식 '벼랑끝 전술'이었던 셈이다.

---

\* "Statement by President Syngman Rhee," June 06, 1953, History and Public Policy
Program Digital Archive, B-379-014, Papers Related to the Korean American
Mutual Defense Treaty, Papers Related to Treaty-Making and International
Conferences, Syngman Rhee Institute, Yonsei University https://digitalarchive.
wilsoncenter.org/document/119372

당황한 미국은 이승만의 제거까지 검토했지만, 결국 유인책을 제시하면서 이승만의 요구를 상당 부분 수용키로 했다. "(정전협정에 반대하는) 이승만을 설득하기 위해서 미국 정부는 로버트슨(Walter Robertson) 국무부 차관보를 서울로 보내 이승만과 협상토록 한 것"이다.* 이러한 과정을 거쳐 이승만은 정전협정에 동의하고 미국은 상호방위조약을 체결키로 했다. 한국전쟁이 낳은 '역사의 쌍생아'라고 할 수 있는 정전협정과 한미동맹은 이렇게 만들어진 것이다. 다만 상호방위조약에는 이승만이 강력히 요구한 '한반도 유사시 미국의 자동개입' 조항은 빠졌다.

하지만 당시 미국은 근본적인 고민을 안고 있었다. 아이젠하워 행정부는 한국전쟁을 거치면서 폭등한 군사비가 미국 경제를 어렵게 만들 것이라며 '안보의 경제성'을 강조하고 있었다. 그런데 이러한 정책은 대규모의 주한미군 유지와

---

\* "Confidential Memorandum, Before Agreeing to the Armistice Agreement," August 03, 1953, History and Public Policy Program Digital Archive, B-380-013, Papers Related to the Korean American Mutual Defense Treaty, Papers Related to Treaty-Making and International Conferences, Syngman Rhee Institute, Yonsei University https://digitalarchive.wilsoncenter.org/document/119405

어울리는 짝이 아니었다. 그래서 선택한 방법이 한국 내 핵무기 배치였다. 공산군에 비해 열세에 있는 재래식 군사력을 핵무기의 대거 배치를 통해 만회키로 한 것이다. 이러한 결정에 따라 주한미군의 병력 수는 줄어들었고 그 대신 한국에 배치한 핵무기의 종류와 수량은 늘어났다. 분단과 한국전쟁을 거치면서 아른거렸던 핵과 한반도의 관계는 이렇게 밀착되고 말았다.

　이렇듯 1950년대에 정전협정, 한미상호방위조약 체결, 미국의 핵무기 배치 등이 맞물리면서 일시적인 협정이었던 정전협정은 '체제'가 되어갔다. 북한도 중국 및 소련과 공식적인 동맹조약을 체결하고 '4대 군사노선'으로 상징되는 군사화에 박차를 가했다. 이러한 과정을 거치면서 정전체제는 어지간한 힘으로는 뽑아내기 힘들 정도로 한반도 땅 속 깊이 뿌리를 뻗어갔다. 하지만 정전체제가 지속될수록 모순도 커져갔고 그래서 때때로 정전체제의 뿌리를 캐내려는 움직임들이 있었다. 종전선언은 그 첫 작업이라고 할 수 있다. 종전선언이 반드시 필요한 것은 아닐지라도 평화협정으로 바로 가는 것은 어렵기 때문에 종전을 거치는 게 현명하다고 노무현 정부와 문재인 정부는 판단했다.

종전선언이 처음 등장한 시점은 2006년 11월 18일 한미 정상회담 때였다. 이 자리에서 조지 W. 부시는 북한의 핵 포기를 전제로 "한국전쟁의 종전을 선언할 수 있다"는 입장을 밝혔다. 이를 두고 백악관 대변인은 "한국전쟁 종전 선언(declaration of the end of the Korean War)"이라고 명명했다. 그러자 국내 언론은 미국이 북한에 종전선언이라는 새로운 유인책을 제시했다고 대대적으로 보도하면서 이를 '부시의 하노이 선언'이라고 불렀다.

노무현 정부는 이를 크게 환영했다. "한반도에서 전쟁이 끝나고 평화로 가려면 평화협정을 맺어야 하는데, 이는 상당한 시간이 걸릴 것"이므로 평화협정의 '터닝 포인트'로 종전선언을 하면 비핵화와 평화체제 구축에 상당한 힘을 불어넣을 수 있을 것으로 여겼기 때문이다. 이에 따라 노무현 정부는 종전선언을 평화협정으로 가는 '사전 단계'로 상정하고 한반도 비핵화와 평화체제 로드맵에 넣기로 했다. 이러한 전략은 2007년 10월 남북정상회담에서 "3자 또는 4자

정상들이 한반도지역에서 만나 종전을 선언하는 문제를 추진하기 위해 협력해 나가기로 하였다"는 합의가 나오면서 결실을 맺는 듯 했다.

하지만 결과적으로 종전선언 추진은 씁쓸한 해프닝으로 끝나고 말았다. 애초부터 미국은 종전선언을 평화협정과 동일한 것으로 간주하고는 비핵화 이후에나 가능하다는 입장이었다. 심지어 노무현 정부 내에서조차 혼선이 거듭되었다. 종전선언을 평화협정의 일부나 동일한 것으로 간주한 시각과 평화협정의 사전 조치로 간주한 시각이 충돌한 것이다. 결국 정부 내의 혼선과 한미 간의 이견은 극복되지 못했다.*

## 종전선언 재추진, 그러나

그로부터 11년 후, 이번에는 문재인 대통령이 종전선언 카드를 꺼냈다. 2018년 3월 남북 특사 교환을 통해 남북정상

---

* 당시 상황에 대한 자세한 내용은 〈핵과 인간〉, 446-457쪽 참조.

회담 합의뿐만 아니라 북미정상회담까지 거론되면서 한반도 문제 해결의 돌파구를 열기 위해 종전선언 추진 입장을 밝힌 것이다.

미국의 도널드 트럼프 대통령도 화답했다. 4월 17일 일본의 아베 총리와의 정상회담에 앞서 가진 기자회견에서 "사람들은 한국전쟁이 아직 끝나지 않았다는 걸 깨닫지 못한다"며 "그들(남북한)은 (한국전쟁) 종전 문제를 논의하고 있으며, 나는 이 논의를 축복한다"고 말한 것이다. 트럼프가 '종전'을 공개적으로 언급한 것은 이때가 처음이었다.

트럼프가 남북정상회담에서 종전을 논의키로 한 것에 대해 공개적인 지지를 밝히면서 종전선언 추진은 탄력을 받는 듯 했다. 실제로 4·27 판문점 선언에는 "남과 북은 정전협정체결 65년이 되는 올해에 종전을 선언하고 정전협정을 평화협정으로 전환하며 항구적이고 공고한 평화체제 구축을 위한 남북미 3자 또는 남북미중 4자회담 개최를 적극 추진해 나가기로 하였다"는 내용이 담겼다. 이제 남북미 3자, 혹은 남북미중 4자가 모여 종전선언만 하는 일만 남은 것처럼 비춰지기도 했다. 6월 12일 싱가포르 북미정상회담은 이를 위한 좋은 기회로 거론되기도 했었다. 이 회담이 잘 되면 문 대통령이 방문해서 3자 종전선언을 발표하는 방안이 청와 대 내부에서 검토된 것이다.

그런데 1차 북미정상회담 이후 종전선언 추진은 답보 상 태에 빠져들고 말았다. 그 징후는 7월 초 마이크 폼페이오 국무장관의 방북 직후 드러났다. 폼페이오는 "선의를 갖고 생산적인 대화를 했다"고 자평했지만, 북한 외무성은 "극히 우려스럽다"는 입장을 내놓은 것이다. 미국이 6·12 북미공 동성명의 정신에 맞지 않게 "CVID요, 신고요, 검증이요 하 면서 일방적이고 강도적인 비핵화 요구만을 들고 나왔다"는 것이다. 특히 정전협정 체결 65주년을 맞이해 "종전선언을 발표하는 문제에 대한 미국 측의 답을 기대"했지만, "이러저 러한 조건과 구실을 대면서 멀리 뒤로 미루어놓으려는 입장 을 취하였다"며 강한 불만을 표했다. "우리의 기대와 희망은 어리석다고 말할 정도로 순진한 것"이었다면서 말이다.

도대체 무슨 일이 있었기에 북한은 '믿는 도끼에 발등 찍

했다'는 반응을 보인 것일까? 이 궁금증은 8월 29일자 미국의 〈복스〉 뉴스의 보도로 풀리게 된다. 이 매체는 복수의 미국 관계자들을 인용해 트럼프가 6월 1일 김영철 북한 노동당 부위원장의 백악관 방문 및 6월 12일 북미정상회담에서 "한국전쟁을 끝내는 선언에 서명하겠다"고 약속했다고 보도했다. 북한 외무성이 종전선언과 관련해 "트럼프 대통령이 더 열의를 보이였던 문제"라고 주장한 것과 맥락이 닿아 있는 보도였다. 하지만 미국은 종전선언은 뒤로 미루고 북한에 선 비핵화를 요구했다. 북한이 7월초에 평양을 방문한 폼페이오의 태도에 화가 났던 이유가 밝혀진 셈이다.

이처럼 종전선언이 북미관계의 핵심적인 문제로 떠오르면서 〈연합뉴스〉는 미국 국무부에 7월 13일과 7월 23일 종전선언에 대한 입장을 연이어 물었다. 그런데 국무부 대변인실은 동문서답만 내놓았다. 종전선언은 아예 언급조차 하지 않으면서 "우리는 북한이 비핵화했을 때 정전협정을 (평화협정으로) 대체하는 것을 목표로 하는 평화체제 구축에 전념하고 있다"는 것이었다. 이는 종전선언에 대한 미국 정부의 입장이 정리되지 않았다는 것을 강력하게 시사한 것이었다.

이러한 분석을 뒷받침하듯, 8월 27일자 〈워싱턴포스트〉는 종전선언을 둘러싼 미국 내부의 이견을 보도했다. 이 매체에 따르면 "국무부는 종전선언은 한참 뒤에 따라올 평화조약과는 거리가 먼 정치적 조치에 불과하다"며 다소 유연한 입장을 보였다고 한다. 하지만 "존 볼턴 안보보좌관과 제임스 매티스 국방방관이 현 시기에 종전선언을 하는 것을 반대하고 있다"며, "북한이 먼저 (핵과 미사일 프로그램 및 자산을) 신고하고, 미국이 추가적으로 양보 조치를 취하기 전에 북한의 신고는 검증되어야 한다"는 입장을 고수했다. "볼턴은 (종전선언과 같은) 어떠한 양보도 북한에 (미국의) 나약함을 드러나는 것이고 그래서 도움이 안 된다"는 이유를 들었고, 매티스는 "종전선언의 함의에 대한 철저한 고려가 없는 상태에서 이 선언이 나오면 한미 양국의 군사적 태세에 부정적인 영향을 줄 것"이라는 우려를 보였다는 것이다.

## 주한미군 철수용이 아니라니까!

이처럼 미국 내부의 이견으로 종전선언이 답보 상태에 놓이자 김정은 국무위원장과 문재인 대통령은 답답함을 토로하면서 미국 조야의 의구심을 종식시키기 위해 노력했다. 먼저 김정은은 9월 초에 평양을 방문한 문재인 정부의 대북특사단에게 "종전선언은 한미동맹의 약화나 주한미군 철수와는 별개"라고 강조했다. 미국 내 일각에서 "북한이 종전선언을 요구하고 있는 이유는 주한미군 철수를 겨냥한 것"이라는 주장이 나오자 미국을 향해 '안심하고 종전선언을 하자'는 메시지를 던진 것이다.

문 대통령 역시 9월 20일 남북정상회담 대국민 보고에서 "전쟁을 종식한다는 정치적 선언을 먼저하고 그것을 평화협정 체결을 위한 평화 협상의 출발점"으로 삼는 것을 "우리가 종전선언을 사용할 때 생각하는 개념"이라고 말했다. 그러면서 "이번 방북을 통해 김 위원장도 제가 말한 것과 똑같은 개념으로 종전선언을 생각하고 있음을 확인했다"고 강조했다. 국내외 일각의 우려를 겨냥해서도 "유엔사 지위라

든지 주한미군의 주둔 필요성 등에는 전혀 영향이 없는 것"
이라고 거듭 강조했다. 문 대통령은 특히 9월 25일 미국 〈폭
스〉 뉴스와의 인터뷰에선 "(종전선언은) 정치적 선언이라 북
한이 약속을 어길 경우 언제든 취소할 수 있다. 미국으로서
는 전혀 손해 보는 일 없다"며 미국의 결단을 거듭 촉구하
기도 했다.

3차 남북정상회담 17일 후에 폼페이오가 방북하면서 종
전선언을 비롯해 교착상태에 빠진 북미협상도 다시 본궤도
에 오를지 주목을 끌었다. 특히 이때에는 폼페이오의 7월
초 방북 때에는 무산되었던 김정은과의 면담도 성사되면서
기대치는 더욱 높아졌다. 그러나 그 이후에도 협상 동력은
살아나지 않았다. 종전선언 문제 역시 마찬가지였다. 북한
은 폼페이오 방북 직전에는 종전선언에 대한 미국의 결단을
거듭 촉구했지만, 어찌된 영문인지 그의 방북 이후에는 종
전선언에 대한 언급을 크게 줄였다. 폼페이오로부터 종전선
언에 대한 부정적인 입장을 거듭 확인했고 결국 이 문제는
2차 북미정상회담에서 담판을 지어야 할 문제로 간주했기
때문으로 보인다.

그렇다면 미국은 왜 종전선언을 꺼려하는 것일까? 이는 표면적인 이유와 본질적인 이유로 나눠서 분석할 수 있다. 먼저 표면적인 이유로는 북한의 핵 리스트 신고 문제를 들 수 있다. 미국은 북한의 비핵화에 대한 진정성의 바로미터이자 첫 관문으로 '검증가능한 핵 신고'를 내세워왔다. 그래서 북한이 먼저 핵 신고를 하면 종전선언을 검토해볼 수 있다는 입장을 내비쳐왔다. 이에 반해 북한은 상당한 신뢰관계가 구축되어야 핵 신고가 가능하다고 반박해왔다. 신뢰가 부족한 상태에서 북한이 핵 신고를 해봐야 미국은 이를 믿지 못할 것이고 이로 인해 싸움거리만 생긴다고 여기는 것이다. 이와 관련해 일본의 〈요미우리〉 신문은 폼페이오가 핵 신고를 요구하자 김정은이 "신뢰관계가 구축되지 않은 상태에서 리스트를 제출해도 미국이 믿을 수 없다고 말할 것이다. 재신고를 요구할 수도 있다. 그러면 싸움이 될 것"이라고 거부했다고 보도하기도 했다.[*]

실제로 과거에도 북한의 핵 신고는 문제 해결의 돌파구

---

[*] 〈경향신문〉, 2018년 10월 16일.

를 열기보다는 오히려 파국으로 이어진 경우가 많았다. 북한은 과거에 두 번 핵 신고를 했었다. 첫 번째는 1992년 북한이 국제원자력기구(IAEA)에 신고한 때였다. 당시 북한은 여러 핵시설과 더불어 플루토늄 90g을 추출했다고 신고했다. 하지만 미국의 정보기관은 믿지 않았다. 오히려 북한의 플루토늄 보유량은 핵무기 1~2개 분량인 10kg 정도 된다고 주장했다. 이게 2장에서 설명한 '플루토늄 불일치' 문제의 기원이었다. 그런데 2008년 미국은 북한이 건네준 핵 일지를 검토한 결과 북한이 1992년에 신고한 게 정확했다는 잠정 결론을 내린 바 있다.

두 번째는 2007년 6자회담의 10·3 합의에 따른 핵 신고였다. 당시 북한은 30.6kg의 플루토늄을 보유하고 있다고 신고했고 조지 W. 부시 행정부도 이를 수용했다. 그러자 딕 체니 부통령을 비롯한 네오콘들은 강력히 반발했다. 핵무기와 탄도미사일이 빠졌을 뿐만 아니라 실체가 불분명했던 우라늄 농축 프로그램 및 시리아로의 핵 시설 수출 내역이 포함되지 않았다는 이유 때문이었다. 그래서 네오콘들은 검증과 관련해 사실상의 '백지수표'를 요구했고, 이명박 정부도 이에 가세하고 말았다. 그런데 북한이 이를 거부하자 이명박 정부는 에너지 지원을 중단해버렸고, 그 결과 6자회담은 결렬되고 말았다.

북한은 이러한 전례를 너무나도 잘 알고 있다. 그런데 이건 존 볼턴도 마찬가지이다. 그는 아버지 부시 행정부 때에는 국무부 차관보로, 아들 부시 행정부 때에는 국무부 차관보와 유엔 주재 미국대사 대리를 거치면서 대북강경책을 주도했던 인물이다. 그리고 2018년 3월부터 트럼프 행정부의 안보보좌관으로 재직하면서 완전하고 검증 가능한 핵 신고를 줄곧 주장해왔다. 그가 그려온 로드맵은 '북한의 핵과 미사일 신고 → 검증 → 종전선언'의 순서인데, 북한은 이를 볼턴이 쳐놓은 '덫'에 걸려드는 것이라고 여겼을 공산이 크다. 또한 북한이 미국과의 적대관계가 청산되기 전에 핵과 미사일 정보를 미국에 넘겨주고 이를 검증까지 받게 되면 미국에 선제공격 목록을 넘겨주는 것이나 마찬가지라는 우려도 깔려 있었을 것이다.

볼턴과 같은 강경파들이 즐겨 쓰는 수법이 있다. 상대방이 수용할 수 없는 요구를 내놓고 실제로 상대방이 거부하면 이를 강경책의 빌미로 삼는 것이 바로 그것이다. 종전선언과 핵 신고 사이의 논란도 이러한 맥락에서 이해할 수 있다. 실제로 북한이 핵 신고를 거부하자 미국 내에서는 더 강한 압박을 가해야 한다거나 북한은 핵을 포기할 의사가 없다는 것을 보여주는 것이라는 평가가 주류를 이뤄왔다.

미국이 종전선언을 기피하는 보다 본질적인 문제도 있다. 바로 주한미군에 미칠 영향이다. 이를 의식해 남북한 정상은 이구동성으로 주한미군의 철수 요구는 없을 것이라고 말하고 있지만, 미국 주류는 오히려 트럼프의 선택을 걱정하고 있다. 트럼프는 종전선언이 나오기도 전에, 심지어 북미 간의 대결이 첨예했던 2017년에도 주한미군에 대해 강한 회의감을 피력한 바 있다. 이러한 입장은 6·12 북미정상회담 직후에도 나온 바 있다. 이에 따라 종전선언이 이뤄지고 이에 힘입어 비핵화와 평화체제 구축이 본격화되면, 트럼프가 또다시 주한미군 철수론을 들고 나올 가능성이 있다. 주한미군의 대폭적인 감축이나 철수를 반대하는 사람들에겐 김정은보다 트럼프가 더 두려운 존재인 셈이다.

# 4. 대북 제재는 '쓰리 쿠션'

사상 최초의 북미정상회담 다음날인 6월 13일, 북한의 〈조선중앙통신〉은 트럼프 대통령이 정상회담에서 "대화와 협상을 통한 관계 개선이 진척되는 데 따라 대조선(대북) 제재를 해제할 수 있다는 의향을 표명하였다"고 전했다. 그러나 그로부터 5개월이 지나도록 미국의 대북 제재는 요지부동이다. 오히려 확대·강화되어왔다. 이 기간 동안 북한은 북미공동성명의 정신에 따라 미국에 제재 완화와 해제를 지속적으로 요구해왔다. 하지만 북한의 요구가 강하고 절박해질수록 미국의 제재 수위는 높아져만 갔다.

이는 통계수치로도 확인할 수 있다. 2017년 1월 취임한 이후 2018년 9월까지 트럼프 행정부는 총 236건의 독자 제재를 부과했다. 이 가운데 124건은 북미관계가 최악이었던 2017년에 이뤄졌다. 2018년 들어서는 3월까지 두 건이 있었고, 북미정상회담을 전후한 4~7월에는 단 한 건도 없었다. 그러다가 8월부터 제재 빈도수가 급격히 늘어났다. 특히 미국은 중국과 러시아가 유엔 안보리의 대북 결의에 따른 제재를 위반했다고 주장하면서, 이들 나라의 기업들과 개인들을 제재 대상에 대거 올려놓았다.*

8월 이후 미국의 움직임에서 주목할 점은 또 있었다. 존볼턴이 근거도 제시하지 않으면서 북한을 범죄국가처럼 몰아붙인 것이다. 그는 8월 6일 〈CNN〉과의 인터뷰에서 "북한과 이란이 핵무기 운반체계인 탄도미사일 부문에서 협력했다는 것을 역사적으로 알고 있다"면서 "핵무기 부문에서도 함께 협력했을 것"이라고 주장했다. 그는 8월 23일 〈브레이트바트〉와의 인터뷰에서도 이러한 주장을 되풀이했다. 그는 심지어 8월 20일 〈ABC〉와의 인터뷰에서는 "러시아, 중국, 이란, 북한의 (중간선거) 간섭은 명백히 국가 안보의 문제"라

---

* 〈연합뉴스〉, 2018년 10월 6일.

며 "4개국 모두 진짜 (개입하고 있다)"라고 주장했다.

주목할 점은 볼턴의 이러한 근거 없는 강경 발언들이 전혀 제지를 받지 않았다는 것이다. 1차 북미정상회담 직전에 볼턴의 설화(舌禍)* 때문에 정상회담에 차질이 생기자 트럼프가 그의 입단속에 나섰던 것과는 확연히 달라진 풍경이다. 볼턴 뿐만이 아니었다. 폼페이오 등 고위급 관료들도 6월 북미정상회담을 전후해 사라졌던 표현인 '최대의 압박'을 다시 입에 올리기 시작했다.

## 대북 제재의 성적표

경제 제재는 어떤 나라나 유엔 안보리가 특정국을 상대로 자신의 목적을 관철하기 위해 동원하는 '강압 외교'의 한 수단이다. 무력 사용이 갈수록 어려워지는 상황에서 경제 제재는 전쟁의 대안처럼 간주되기도 한다. 제재 부과 주

---

* 볼턴은 북미 간 정상회담이 논의되고 있을 당시에 '리비아 모델'을 연이어 언급해 북한의 강력한 반발을 초래한 바 있다.

체는 개별 국가가 되기도 하지만 갈수록 선호되고 있는 방식은 역시 유엔 안보리를 통해서이다. 제재 사유는 핵무기 등 대량살상무기를 개발하거나 주민 학살 등 심각한 인권 탄압이 자행될 경우가 주로 그 명분이 된다.

그렇다면 경제 제재는 효과적인 외교정책의 수단일까? 이에 대해서는 첨예한 논란이 있지만, 인상적인 성과를 거두지 못한 것만은 분명하다. 로버트 파페 시카고대학 정치학 교수는 1998년 발표한 논문에서 115개의 경제 제재 사례를 분석한 결과 성공한 경우는 불과 5개에 불과했다고 결론지었다. 제재 성공률이 4%였다는 것이다. 특히 경제 제재가 대상국의 영토와 안보 등 주권과 직결된 사안을 겨냥할 경우 성공률이 극히 낮았고 한다. 오히려 그는 "대부분의 경제 제재는 성공 여부를 떠나 무고한 시민들을 비롯해 대상국 주민들에게 중대한 인간적 비용을 초래한 경우가 많았다"고 주장했다.*

---

\* Robert A. Pape, "Why Economic Sanctions Still Do Not Work," International Security 23, no. 1 (Summer 1998).

파페를 비롯해 여러 국제정치학자들이 지적해온 가장 대
표적인 경제 제재로 인한 참사는 바로 이라크이다. 1990~91
년 1차 걸프전 직후부터 사담 후세인 축출 때까지 12년간
가혹한 경제 제재를 받았던 이라크에서는 매달 5~6000명
의 어린이를 포함해 모두 300만 명 안팎의 무고한 사람들
이 목숨을 잃었다. 300만 명의 사망자는 역대 모든 대량파
괴무기(WMD)로 인한 사망자 숫자보다 훨씬 많은 것이었다.
이를 두고 미국의 정치학자들인 존 뮬러와 칼 뮬러는 "진정
한 대량파괴무기는 바로 경제 제재"라고 일갈하기도 했다.*
그러자 국제사회에서는 이라크에 대한 경제 제재 해제를 요
구하는 목소리가 높아졌다. 하지만 당시 미국의 국무장관이
었던 메들린 올브라이트는 "그럴 만한 가치가 있다"고 말해
국제사회의 공분을 사기도 했다.

　　경제 제재의 가장 큰 목적은 대량파괴무기 방지에 있었다.
그러나 경제 제재야 말로 인도적 참사를 야기해온 핵심적인
원인으로 지목받기도 했다. 그럼에도 불구하고 미국을 비롯

---

\* John Mueller and Karl Mueller, Sanctions of Mass Destruction, Foreign Affairs, May/June 1999.

한 서방 국가들은 갈수록 제재에 중독되어갔다. 영국 일간지 〈가디언〉의 칼럼리스트인 시몬 젠킨스의 지적처럼 "경제 제재는 외교에서 가장 비생산적인 도구"이고 "과학이 아니라 외교적 이데올로기"임에도 불구하고 말이다. 왜 그런 것일까? 젠킨스는 이렇게 분석한다. 경제 제재는 "국제무대에서 '무언가를 하고 있다'는 것을 보여주기 위한 욕망"이자, "비용을 가장 적게 들이면서도 자국에게는 거의 피해가 없이 단호한 모습을 과시할 수 있기 때문이라는 것"이다.*

그렇다면 대북 제재의 성적표는 어떨까? 북한은 한국전쟁 직후부터 오늘날에 이르기까지 미국 주도의 경제 제재를 받아왔다. 냉전 시대에 북한은 공산권 진영의 지원과 무역을 통해 미국 주도의 경제 제재를 상쇄했으나, 1990년을 전후해 공산 진영이 무너지고 소련과 중국이 한국과 수교를 맺으면서 국제경제의 외톨이 신세로 전락했다. 북한은 이를 만회하고자 남북관계와 북미·북일 관계 개선을 시도했으나 이렇다 할 성과를 거두지 못했다. 오히려 핵과 미사일

---

* Simon Jenkins, Whether it's North Korea or Iran, sanctions won't work, The Guardian, February 13, 2013.

문제가 불거지면서 미국 주도의 경제 제재는 더욱 강화되어 왔다. 북한의 참혹한 인권 상황까지 알려지면서 대북 제재에 대한 국제적 지지도 확산되었다. 경제 제재가 북한의 인도적 위기의 한 원인이라는 지적도 있었지만, 이건 소수의 목소리로 그쳤다.

대북 제재는 주로 북한의 핵과 미사일 문제를 겨냥한 것이었다. 이에 대한 유엔 안보리 차원의 첫 결의는 북한이 핵확산금지조약(NPT) 탈퇴를 선언한지 2개월 후인 1993년 5월 나온 825호였다. 이 결의는 북한에게 NPT 탈퇴 선언을 재고해줄 것과 국제원자력기구(IAEA)의 특별사찰 수용을 요구하면서 "필요하다면 안보리 차원에서 추가적 조치"를 취할 수 있다는 경고를 담고 있었다. 그러나 북한은 IAEA와 유엔 안보리의 불공정성을 문제 삼으면서 안보리의 요구를 수용하지 않았고, 북미 고위급 대화를 요구하는 것으로 맞섰다. 결국 클린턴 행정부는 고위급 회담을 수용해, 93년 6월 11일 1단계 합의를 거쳐 7월 19일에는 북미 공동성명이 채택됐다. 이에 따라 북한의 NPT 탈퇴는 유보되었고 IAEA 사찰 및 경수로 제공 문제 등에서도 공감대가 형성됐다. 이는 북핵 문제에 대한 대처 방향이 제재보다는 실질적인 대화가 훨씬 유용하다는 것을 보여준 첫 사례라고 할 수 있다.

두 번째 안보리 결의는 북한이 중장거리 탄도미사일인 대포동 2호를 비롯해 7발의 미사일을 발사한지 11일 만인 2006년 7월 15일에 나왔다. 1695호는 북한의 탄도미사일 발사시험을 규탄하고 6자회담에 조속히 복귀할 것을 촉구하면서, 유엔 회원국들에게는 북한과 핵 및 미사일 관련 물자·상품·기술·재원의 거래를 금지해줄 것을 권고했다. 이에 맞서 북한은 안보리 결의를 "단호히 배격"한다며 10월 9일 1차 핵실험을 강행했다. 그러자 유엔 안보리는 결의안 1718호를 만장일치로 채택해 강도 높은 대북 제재를 부과하기 시작했다. 1718호는 '국제 평화의 위협·파괴·침략 행위'에 대한 대응조치를 규정한 유엔 헌장 7장을 원용한 것이었다. 사실상 유엔 안보리 차원의 첫 대북 경제 제재 결의였던 셈이다. 파국으로 치닫던 정세는 부시 행정부가 북미 직접대화에 응하면서 극적인 반전이 연출됐다. 2007년 1월부터 북미대화와 6자회담이 선순환을 그리면서 2·13 합의와 10·3 합의가 도출된 것이다. 이 역시 미국이 제재보다 북

한과 직접대화가 북한의 행동을 변화시키는 데 훨씬 유용
하다는 것을 거듭 확인시켜준 사례이다.

　3차 및 4차 안보리 결의는 2009년 상반기에 나왔다. 시발
점은 2009년 4월 북한의 소형 인공위성 광명성 2호 발사와
이에 대한 유엔 안보리의 대북 규탄 성명 채택이었다. 미국
주도의 유엔 안보리에 의해 주권을 유린당했다고 판단한 북
한은 2009년 5월 25일 2차 핵실험을 강행했고, 유엔 안보리
는 결의안 1874호를 채택해 대북 제재와 압박의 수위를 높
였다. 그러자 북한은 6자회담 복귀 거부, 잔여 사용 후 연료
봉의 재처리를 통한 플루토늄 추출, 그리고 우라늄 농축 프
로그램 착수 의사를 밝히면서 대결의 수위를 높였다. 이러
한 패턴은 2012년과 2013년에도 거의 그대로 반복됐다. 4월
북한의 광명성 3호 발사 → 유엔 안보리의 규탄 성명 채택
→ 북한의 반발 및 12월 광명성 3호와 2호 발사 → 2013년
1월 유엔 안보리의 결의안 2087호 채택 → 2월 북한의 3차
핵실험 → 유엔 안보리의 추가 대북 제재 결의 2094호 채택
으로 이어진 것이다.

순서가 조금 바뀌긴 했지만, 2016년에도 이러한 패턴은 또다시 재연되었다. 이전에는 북한의 로켓 발사→유엔 안보리 대응→북한의 반발 및 핵실험 강행→유엔 안보리의 추가 대응의 양상을 보였었다. 이에 반해 2016년에는 북한의 핵실험이 먼저 있었고 이에 대해 유엔 안보리가 대응 방안을 논의하는 와중에 북한의 장거리 로켓 발사가 강행됐다. 결국 유엔 안보리는 이들 두 가지 사안을 묶어 역사상 가장 강력하다는 2270호를 채택했다. 하지만 북한은 이 결의를 "배격한다"면서 핵탄두 재진입체 연소시험 및 중단거리 탄도미사일 및 잠수함발사탄도미사일(SLBM) 시험 발사로 응수했다. 급기야 북한은 9월 9일 5차 핵실험을 강행했고, 안보리는 북한의 석탄수출 상한제 도입 등 2270호보다 강력한 2321호를 채택했다.

이러한 악순환은 2017년에 절정에 달했다. 북한의 '도발' 수위가 높아질수록 미국 주도의 대북 제재도 '역대급 최강'의 기록을 갈아치웠다. 북한이 9월 3일 6차 핵실험을 통해 'ICBM 장착용 수소탄 시험 완전 성공'을 주장하고 나서자 안보리는 8일 후에 대북 결의 2375호를 채택했다. 또한 북한이 11월 29일에 ICBM에 해당하는 '화성-15형'을 발사하고는 '국가 핵무력 건설 완성'을 선언하자, 안보리는 4주 후에 사실상 경제봉쇄에 준하는 대북 결의 2397호 채택으로 응수했다.

북한의 핵과 미사일 문제를 다루는 데 있어서 경제 제재 위주의 접근이 유용하지 못했다는 것은 미국과 한국의 독자 제재의 사례에서도 거듭 확인된다. 미국의 경우에는 방코델타아시아(BDA) 제재가 대표적이다. 2005년 6자회담에서 9·19 공동성명 채택과 거의 동시에 부과된 이 제재로 인해 6자회담은 장기간 표류했고 결국 북한은 8년 만에 장거리 로켓 발사를 재개하고 1차 핵실험으로 응수했다. 반면 BDA 제재가 해제되자 비핵화 프로세스는 비교적 빠르게 진행됐었다.

노무현 정부도 '한국식' 대북 제재를 부과한 바 있다. 2006년 7월 들어 북한의 탄도미사일 시험발사 징후가 강해지자 정부는 대북 식량 지원 중단 카드를 꺼내들었다. 북한이 발사를 강행하면 식량 지원을 유보한다는 것이었다. 그러나 이 카드는 효과를 보지 못했다. 북한은 탄도미사일 발사시험을 강행했을 뿐만 아니라 남한의 조치에 강력 반발하면서 이산가족 상봉행사를 중단한다는 입장을 통보했다. 박근혜 정부는 북한의 4차 핵실험에 대한 보복 조치로 2016년 2월 개성공단을 폐쇄했지만, 그 이후 북한의 핵무기 및 미사일 관련 활동은 더욱 기승을 부렸다.

그렇다면 대북 제재는 왜 이렇게 초라한 성적을 보인 것일까? 경제 제재는 '고통의 크기'를 높여 핵 포기를 강제하는 방법이다. 그리고 제재는 북한의 핵 개발이 '잘못된 행동'이라는 것을 전제로 한다. 그래서 "잘못된 행동에는 보상이 없다"고 다짐한다. 대신에 북한에게 고통을 가해 잘못을 깨닫게 하거나 끝까지 잘못된 길을 고집한다면 아예 숨통을 끊으려고 한다. 그런데 정작 북한은 '잘하고 있다'거나 '불가피하다'는 인식에 사로잡혀 있다. 그래서 대북 제재의 강도가 강해질수록 핵무기를 가져야겠다는 북한의 결기 역시 강해지는 악순환이 반복되어온 것이다. 나는 이 점이야말로 지난 25년 동안 북핵 해결에 실패한 가장 본질적인 이유라고 본다.

트럼프 행정부는 6·12 북미정상회담을 계기로 이러한 악순환을 끊으려고 하는 것처럼 보였다. 북한도 트럼프가 정상회담에 응하고 북한의 요구사항도 포괄적으로 담은 공동성명에 서명하면서 큰 기대를 가졌었다. 하지만 앞서 설명한 것처럼 북미정상회담 이후 미국 주도의 제재는 오히려 더 강해졌다. 비유하자면 2017년까지 트럼프는 막말과 위협을 가하면서 북한의 멱살을 잡고 있었다. 그리고 북미정상회담 이후에는 김정은에 대한 신뢰와 애정을 보내면서도 제재는 강화해왔다. 미소 띤 얼굴로 멱살을 계속 잡고 있는 셈이다.

**대북 제재는 풀릴까?**

미국의 공식적인 입장은 "북한이 비핵화를 할 때까지 제재를 유지하겠다"는 말로 압축된다. "북한의 비핵화를 얻기 위해서는 제재가 이행돼야 하고, 우리는 그 페달에서 발을 떼면 안 된다"는 것이다. 반면 북한은 제재 완화나 해제를 거듭 촉구해왔다. 혼자 힘으로 부족하면 중국과 러시아와 공동 전선을 형성하기도 했고, 한국이 적극적으로 나서달라고 요청하기도 했다. 하지만 북한이 제재를 풀어달라고 요구할수록 미국은 오히려 제재를 더 강화시켜나갔다. 6장에서 자세히 논하겠지만, '아웃사이더' 트럼프와 그의 참모진을 포함한 미국 주류는 사사건건 충돌하는 경우가 많았다. 하지만 대북 제재와 관련해서는 한 목소리를 내고 있다. 이러한 상황을 어떻게 이해할 수 있을까?

우선 트럼프는 김정은의 약점을 잡았다고 여기는 것 같다. 여기서 약점이란 트럼프가 김정은이 경제발전에 큰 관심을 갖고 있는 것을 확인하고는 이를 비핵화를 달성할 압박 수단으로 동원하려는 것을 의미한다. 북한은 2017년 4월 20일 노동당 결정서를 통해 경제발전에 총력을 집중하겠다고 다짐했다. 트럼프도 김정은과의 만남을 통해 북한 정권이 경제발전과 인민생활 향상에 얼마나 큰 열정과 기대를 가지고 있는지를 확인했다. 문재인 대통령도 트럼프에게 이 점을 수시로 강조해왔다.

하지만 트럼프는 김정은의 호소와 문 대통령의 권고를 무시해왔다. 그는 김정은이 '완전한 비핵화'를 약속하고 자신과 협상을 선택한 이유는 강력한 제재를 비롯한 '최대의 압박' 덕분이었다고 여긴다. 또한 협상의 달인을 자처하는 자신의 '거래의 기술'은 최대한 적게 주고 최대한 많이 받아내는 것이라고 여긴다. 트럼프가 틈만 나면 "핵전쟁도 없고 북한의 핵실험도 없고 미사일 발사도 없고 미군 유해도 받아낸 반면에 내가 북한에게 준 것은 없다"고 자랑(?)하는 것에서도 이러한 기질을 엿볼 수 있다. "한미군사훈련을 중단한 것이 중대한 양보 아니냐?"는 반박성 질문을 받으면 "그건 우리 돈 수 백억 원을 아끼기 위해서 중단한 것"이라고 응수하곤 했다.

이런 트럼프에게 신뢰와 제재는 '쌍무기'에 해당된다. 그는 틈만 나면 김정은에 대한 신뢰를 보내고 심지어 "사랑에 빠졌다"고까지 말했다. 동시에 "나도 제재를 해제하고 싶다"며, 대북 제재가 해제되면 "북한은 남한만큼 잘 사는 나라가 될 것"이라고 속삭인다. 김정은을 향해 "나를 믿으면 비핵화를 해라. 그러면 제재를 풀겠다"는 메시지를 끊임없이 보내고 있는 것이다. 트럼프는 '이번에야말로 제재가 통할 것'이라고 믿고 있겠지만, 김정은의 생각은 다르다. 미국이 제재 중독에서 벗어나지 못한다는 것은 '대북 적대시정책'을 포기할 의사가 없는 것으로 간주될 것이기 때문이다.

그런데 대북 제재를 둘러싼 게임의 양상은 더욱 복잡해지고 있다. 설상가상으로 미국 주도의 대북 제재는 북한만 겨냥한 것이 아니라 중국과 러시아까지 염두에 둔 것이라고 할 수 있기 때문이다. 일종의 '쓰리 쿠션'인 셈이다. 북한과 국경을 맞대고 있는 중국과 러시아는 북한과의 경제협력 확대가 자국에도 도움이 될 것이라고 여겨왔다. 이는 거꾸로 중국과 러시아를 '수정주의 세력'으로 규정하면서 경제적, 군사적 압박을 강화하고 있는 미국이 대북 제재 완화와 해제를 주저하는 요인이 될 수 있다.

먼저 중국은 가장 낙후된 지역들인 동북 3성 진흥계획을 추진하면서 북중경협에 상당한 공을 들였었다. 하지만 북한의 핵개발과 미국 주도의 제재가 악순환을 형성하면서 북중경협은 크게 줄었고 그 여파로 동북 3성의 경제성장률도 중국 내에서 가장 낮은 상태를 벗어나지 못하고 있다. 이런 중국에게 여러 차례의 남북정상회담과 6·12 북미정상회담은 희소식이었고 동북 3성의 기대감도 높아졌다. 더구나 일대일로를 남북한과 연결하는 방안까지 공론화되기에 이르렀다. 하지만 대북 제재 해제에 대한 중국의 기대감이 높아질수록 미국 주도의 제재는 유지·강화되었다.

극심한 경기 침체와 서방 세계의 경제 제재에 직면해온 러시아의 상황은 더 다급하다. 그래서 풍부한 천연자원이 매장되어 있고 태평양과 유라시아 대륙을 연결할 수 있는 극동 지역은 장기 침체에 빠진 러시아 경제에 활력을 불어넣을 수 있는 기회의 땅으로 간주되어왔다. 특히 러시아는 남북한을 잇는 천연가스 파이프라인과 철도 사업을 극동 개발 프로젝트의 요체로 삼아왔다. 하지만 북핵 위기 및 대북 제재로 이러다할 성과를 거두지 못했었다. 최근 한반도 정세가 호전되면서 다시 기지개를 켜고 있지만, 미국 주도의 대북 제재에 번번이 막히고 있다.

이처럼 제재로 인해 동병상련을 겪어온 북한, 중국, 러시아는 2018년 9월 외무 차관 회의를 갖고 대북 제재 완화를 촉구하는 공동성명을 채택하기도 했다. 하지만 오히려 미국은 중국과 러시아가 대북 제재를 위반하고 있다며 이들 나라의 기업들과 개인들을 제재 목록에 추가했다. 또한 중국과 러시아의 무기 거래 일부 내역이 미국의 제재법에 저촉된다며 금융 제재를 가하기도 했다.

설상가상으로 미국은 중국 및 러시아와 군비경쟁도 불사할 태세를 보이고 있다. 이는 곧 강대국들 사이의 갈등과 경쟁이 격화될수록 대북 제재의 완화와 해제도 어려워질 것임을 예고해준다. 제재 완화와 해제가 중국과 러시아 경제에도 일정 정도 도움이 된다면, 이들 나라를 향해 사실상의 '신냉전'을 선포한 미국이 대북 제재를 풀려는 동기는 위축될 것이기 때문이다. 제재가 요지부동일수록 한반도 비핵화도 그만큼 어려워질 수 있음은 물론이다.

# 5. 미국은 진정으로 비핵화를 원할까?

  음모론처럼 들릴 수 있지만, 피할 수도 피해서도 안 되는 질문이 있다. 과연 미국은 한반도의 완전한 비핵화를 원할까? 2장에서 살펴본 것처럼, 미국은 남북관계를 비롯한 한반도 정세가 급변할 조짐을 보일 때마다 북핵 문제를 전가의 보도처럼 들고 나왔다. 북한의 언행에 석연치 않은 부분들도 있었지만, 대개 미국이 침소봉대하면서 자신의 군사전략적 이익을 관철하려는 수단으로 삼았다는 것도 엄연한 사실이다.

  이러한 진단이 결코 지나치지 않다는 것을 잘 보여주는 사례도 있다. 힐러리 클린턴이 2013년 6월 4일 골드만삭스에서 '비공개'로 연설한 내용이 바로 그것이다. 대통령 영부인, 상원의원, 국무장관, 민주당 대선 후보 등을 지낸 클린턴은 미국 내에선 '주류 중의 주류'라고 해도 과언이 아니다. 그런데 그의 발언에는 한반도 문제를 바라보는 미국 주류의 속내가 너무나도 잘 담겨 있다. 그 핵심은 바로 한반도의 현상 유지이다.

미국의 폭로전문 사이트 〈위키리크스〉가 공개한 클린턴의 연설 내용은 크게 세 가지로 압축할 수 있다. 첫째, "미국은 한반도의 분단 상황을 선호한다"는 것이다. "통일 한국의 위상이 원래 미국이 원했던 정도 이상으로 너무 커질 수 있다는 것이 부담"이기 때문이다. 둘째, "북한이 주기적으로 문제를 일으키고 있지만 이는 굳이 나쁘게 볼 필요가 없으며 오히려 미국의 입장에서는 반길 만하다"는 것이다. 북한이 "감당할 수 없는 사고를 쳐 적절한 힘의 균형이 깨지는 것은 원치 않는다"면서 말이다. 셋째, "김일성과 김정일까지는 다행히 미국과 최소한의 소통이 가능했고 양측의 이득을 보장해 주는 일종의 '상호작용'도 암암리에 인정됐다"는 것이다. 하지만 "김정은은 조금 다를 수 있고, 이는 시급하게 해결해야 할 문제"라는 것이었다.*

　"북한이 주기적으로 문제를 일으키는 것"이 "미국의 입장에서는 반길 만하다"는 것은 무슨 뜻일까? 주기적인 문제란 북한이 간간히 탄도미사일이나 장거리 로켓을 쏘고 핵실험을 하는 것을 의미한다. 이게 미국의 입장에서 반길만한 이유는 북한이 이렇게 '도발'을 하면 북한 위협을 구실로 MD를 강화하고 한미일 삼각동맹을 추진하는데 유리한 환경을 조성할 수 있다고 여겼기 때문이라고 할 수 있다. 특히 북핵 문제의 책임을 중국에 전가하면서 한편으로는 중국에 대북 제재 동참을 압박하고 다른 한편으로는 중국을 겨냥한 군사력 강화에도 도움이 된다고 봤던 것이다. 클린턴이 이 연설에서 북핵 문제가 해결되지 않으면 "MD로 중국을 에워싸고 동아시아에 더 많은 함대를 배치할 것"이라고 말한 것도 이러한 분석을 뒷받침해준다.

---

* 클린턴의 연설 및 토론 내용 전문은 여기에서 볼 수 있다.
　https://wikileaks.com/podesta-emails//fileid/11011/2873

## 여유로워진 트럼프, 왜?

클린턴은 본인이 대통령이 되어 '시급하게 해결해야 할 문제'라고 지목한 김정은을 상대하고 싶었을 것이다. 하지만 그의 기대와는 달리 김정은의 상대는 트럼프가 되고 말았다. 대다수의 예상을 깨고 트럼프가 2016년 미국 대선에서 승리한 것이다. 그는 대선 유세 때부터 김정은과의 정상회담 의사를 강력히 피력했었다. 그리고 2018년 6월 북한의 최고 지도자를 처음으로 만난 미국의 현직 대통령이 되었다. "나는 전임 대통령들과는 다르다"는 것을 행동으로 보여준 것이다.

트럼프가 1차 북미정상회담을 마치고 가진 기자회견에서 가장 많이 쓴 단어 가운데 하나가 바로 '빠르게'였다. 김정은과의 회담에서 상호간의 문제를 빠르게 해결하기로 약속했다는 점을 수차례 강조했다. 이러한 트럼프의 의욕이 반영된 탓인지, 북미공동성명에는 양국이 합의한 사항을 "철저하고 신속하게 이행하기로 했다"고 명시되었다.

그런데 시간이 지나면서 트럼프는 오히려 느긋해졌다. 9월 26일 북미 협상 시한과 관련해 "시간 게임(time game)을 하지 않겠다. 2년이 걸리든, 3년이 걸리든, 혹은 5개월이 걸리든 문제가 되지 않는다"고 말했다. 특히 북미 협상을 총괄하는 폼페이오에게 "시간 게임을 하지 말라"고 지시했다는 내용도 소개했다. 10월 20일에는 북한과의 협상과 관련해 "서두르지 마라"고 지시했다고 거듭 밝혔다. 심지어 10월 27일에는 "(북한과의 협상이) 오래 걸린다 해도 나는 상관없다. 나는 핵실험이 없는 한 얼마나 오래 걸릴지에 상관 안 한다고 내 사람들에게도 이야기한다"고 말했다.

어찌된 영문일까? 왜 '빠르게'를 그토록 강조했던 트럼프가 이토록 여유로워진 것일까? 더구나 남북 정상들은 9월 평양정상회담을 통해 빠른 문제 해결을 강력히 선호한다는 메시지를 트럼프에게도 전달한 상태였다. 트럼프가 이에 호응한다면 문제 해결은 빨라질 수 있었다. 그런데 이게 트럼프의 협상의 기술일 수 있다. 김정은이 빠른 문제 해결을 희망한다는 메시지를 전달받고는 '급한 쪽은 김정은이니 나는 느긋한 태도를 보여 김정은의 양보를 받아내자'는 생각을 품고 있을 가능성이 있기 때문이다.

하지만 다른 요인들도 살펴볼 필요가 있다. 가장 주목해야 할 점은 미국이 '급한 불'은 껐다고 여길 수 있다는 것이다. 여기서 급한 불은 북한의 핵탄두 장착 대륙간탄도미사일(ICBM) 보유를 의미한다. 2017년 1월에 김정은 위원장은 신년사에서 "ICBM 시험발사 준비 사업이 마감 단계"에 접어들었다고 밝혔고, 대통령 취임을 앞두고 있었던 트럼프는 "그런 일은 없을 것!"이라는 트위터를 날렸다. 하지만 김정은은 핵탄두 ICBM 과시를 향해 폭주를 거듭했고 9월 3일 수소탄 실험에 이어 11월 29일에는 사거리 1만km가 넘는 '화성-15형'을 시험발사했다. 그러자 미국 정부기관들은 북한의 ICBM 보유가 "수개월밖에 남지 않았다"는 분석을 내놓았다.

그런데 2018년 8월 들어 미국의 평가가 달라졌다. 폴 셀바 합참차장은 8월 10일에 "북한은 ICBM의 신뢰도를 높이는 데 필요한 마지막 두 가지 기술을 완성하지 못했다는 게 우리의 평가"라고 말했다. "북한이 신뢰할 만한 재진입체를 시연하는 것을 보지 못했고, 폭발시키고 싶을 때 실제로 폭발하는 시스템을 가능하게 하는 신뢰할 만한 장전, 격발, 신관 시스템에 대한 시연도 보지 못했다"는 것이다. 심지어 북한의 ICBM의 성능이 그리 신뢰할 만하지 못하다며 북한이 실제로 발사해도 "우리는 그 미사일을 격추하지 않는 결정을 할 수도 있다"고 여유를 부리기도 했다.*

이처럼 미국의 북한 위협에 대한 판단이 수개월 사이에 뒤바뀐 이유는 무엇일까? 이에 대한 답은 "북한의 미사일 실험 중단이 ICBM 완성을 막은 것으로 보인다"는 셀바의 진단에서 찾을 수 있다. ICBM 개발 초기 단계에 있었던 북한은 그 신뢰성을 입증하기 위해서 수차례에 걸쳐 추가적인 시험발사가 필요했었다. 하지만 북한은 2018년 들어 '새로운 전략 노선'을 채택키로 하면서 ICBM 시험발사를 중단키로 했다. 풍계리 핵실험장 폐기와 더불어 서해위성발사장에 있던 미사일 엔진시험장도 해체했다. 북한의 이러한 선택에는 '새로운 북미관계 수립'과 '평화체제 구축'에 대한 기대감

---

* 〈한겨레〉, 2018년 8월 12일.

도 반영되어 있었다. 그런데 미국은 '화장실에 들어갈 때와 나올 때의 마음이 달라진 모습'을 보여주고 있다. 급한 용무는 봤다고 여긴 탓인지, 북한을 대하는 트럼프 행정부의 태도가 북미정상회담 이전으로 되돌아갈 조짐을 보이고 있는 것이다.

이러한 분석이 트럼프 행정부가 북한의 핵탄두 장착 ICBM 보유를 늦춘 것에 만족하고는 비핵화를 포기했다는 것을 뜻하지는 않는다. 하지만 미국이 이를 최선은 아니더라도 차선 정도로 여길 가능성은 충분히 존재한다. 미국은 이른바 '깡패 국가들'이 미국 본토에까지 다다르는 ICBM 보유를 금지선으로 설정해왔는데, 이 선을 넘기 전에 북한을 저지했다고 자화자찬할 수 있기 때문이다. 또한 만약 북한이 ICBM 확보를 위해 또다시 시험발사에 나서면 보다 강력한 제재와 무력 사용 위협을 가할 수 있는 근거로 삼을 수 있다. 게임의 법칙이 미국에게 유리해졌다고 판단할 수 있는 것이다.

## 피스메이커에서 장사꾼으로?

트럼프가 느긋한 태도로 돌변한 데에는 그의 또 다른 얼굴, 즉 장사꾼으로써의 기질에서도 그 원인을 찾을 수 있다. 트럼프는 6·12 북미정상회담을 계기로 '피스메이커'를 자처하고 나섰지만, 그는 뼛속까지 장사꾼을 자처하는 인물이다. 그렇다면 북미정상회담 이후 트럼프의 태도 변화와 그의 장삿속 사이에는 어떤 관계가 있을까?

먼저 미중 무역전쟁과의 관계를 살펴볼 필요가 있다. 트럼프는 2017년에 중국이 대북 제재에 동참하는 움직임을 보이자 자신의 핵심적인 대선 공약인 중국과의 무역전쟁을 뒤로 미뤘다. 그런데 정작 1차 북미정상회담을 전후해 무역전쟁의 방아쇠를 당겼다. 그리고 8월 24일에 트위터를 통해 폼페이오의 방북을 취소한다며 그 핵심적인 이유로 중국 책임론을 거론했다. "우리의 무역에 관한 훨씬 더 강경한 입장 때문에 중국이 예전만큼 비핵화 과정을 돕고 있지 않다"며, 무역전쟁에 집중하겠다는 뜻을 밝힌 것이다. 이처럼 트럼프가 북미정상회담 이후 최우선 순위를 비핵화에서 무역전쟁에서의 승리로 옮기면서 '빠르게' 비핵화를 달성해야 할 시급성은 떨어졌다고 할 수 있다. 오히려 트럼프는 비핵화가 지지부진해진 이유를 중국의 책임으로 전가하면서 중국을 압박하는 태도를 보이고 있다.

그 의도 여부와 관계없이 한국에 대한 방위비 분담금 인상 및 미국산 무기 구매 문제와도 관계가 있다. 비핵화가 빨라질수록 트럼프가 이들 사안과 관련해 자신의 요구를 관철하기가 여의치 않아지지만, 거꾸로 비핵화가 늦어질수록 유리한 환경이 만들어지기 때문이다. 더구나 트럼프는 동맹국의 금전적 기여를 높이는 것을 핵심적인 외교 정책의 기조로 삼아왔다. 한국과 관련해서는 방위비 분담금 인상과 무기 구매 확대 요구가 그 골자이다.

트럼프는 대선 후보 때 "우리는 한국을 사실상 공짜로 방어하고 있다. 2만8000명의 주한미군을 두고 있으며, 한국은 부를 축적하고 있다"며 한국을 '무임 승차자(free rider)'로 부르는데 주저하지 않았다. 이게 가짜뉴스인 것만은 분명하지만, 적어도 트럼프는 한국의 방위비 분담을 이전보다 증

액시켜 이를 자신의 정치적 승리로 내세우고 다른 동맹국들과의 협상에서도 지렛대로 삼으려고 한다. 그런데 미국은 매년 2~3000억 원의 불용액이 발생할 정도로 한국이 주고 있는 방위비 분담금도 다 쓰지 못하고 있다. 사정이 이렇다면 분담금을 줄이는 게 맞지만 미국은 막무가내이다. '작전지원비'라는 항목을 신설해 미국의 전략자산 전개 비용도 한국이 내라고 요구하고 있는 것이다. 전략자산에는 핵추진 항공모함 및 잠수함, 이지스함, 전략 폭격기와 F-22, F-35 등 최신예 전투기, 그리고 사드와 같은 MD 등이 포함되어 있다. 이들 무기의 전개 비용을 한국이 부담한다면 상당한 규모의 방위비 분담금 인상이 불가피해질 수 있는 것이다.[*]

또한 트럼프는 2017년 방한 때 노골적인 장삿속을 드러낸 바 있다. 그는 한미 정상회담 직후에 열린 기자회견장에서 "미국 무기는 세계 최고"라며 "한국은 수십억 달러의 군

---

[*] 추가적인 비용 부담도 문제이지만, 미국의 이러한 요구를 수용할 경우 그 파장은 엄청나게 클 수밖에 없다. 우선 미국의 요구는 '핵무기와 핵위협 없는 평화의 땅'을 만들겠다는 남북 정상의 합의와 정면으로 위배된다. 특히 미국의 전략자산 전개 비용을 한국이 부담한다는 것은 판문점 선언과 평양공동선언 이전에도 없었던 일이다. 중국과 러시아의 한미동맹 및 주한미군에 대한 반발도 야기할 수 있음은 물론이다.

사 장비를 주문해놓고 있고, 미국은 이 가운데 일부를 이미 승인했다"고 자랑했다. 그러면서 "솔직히 이건 매우 큰 의미가 있다"며, "이건 미국에게는 일자리를 의미한다"고 강조했다. 그리고 정상회담 결과로 나온 '공동언론발표문'에서는 "문 대통령은 2022년까지 국방예산을 상당한 규모로 증액하고자 하는 계획을 (트럼프와) 공유했다"며, "이는 (중략) 주요 미국산 프로그램을 구매하는 데 사용될 한국의 예산을 확보하는 데 도움이 될 것"이라는 내용이 담겼다. 이를 실증하듯이 문재인 정부는 '단계적 군축'을 추진키로 한 남북 정상 간의 합의에도 불구하고 2019년 국방비를 11년 만에 최대치로 늘리기로 했다.

트럼프가 이와 같은 짭짤한 수입을 의식해 북한을 대하는 태도가 달라졌는지는 확인할 수 없다. 다만 한반도 평화 프로세스가 지체될수록 이들 사안과 관련해 문재인 정부의 발언권이 약해질 수는 있다. 북한의 위협이 남아 있는 상황에선 동맹국인 미국의 안전보장이 중요할 수밖에 없고, 또한 미국이 대북강경책으로 돌변하지 못하도록 방위비 분담금도 올려주고 무기도 사주면서 관리할 필요도 느낄 것이기 때문이다.

# 6. 이란 핵협정보다 강력한 합의?

　한반도 비핵화는 미국 자신과의 싸움이기도 하다. 우선 비핵화를 이루려면 한반도 평화체제 구축과 북미 수교와 병행할 수밖에 없고, 이는 곧 한미동맹과 주한미군의 변화도 불가피해진다는 것을 의미한다. 트럼프의 한반도 정책에 대한 미국 주류의 강한 반감과 저항의 근본적인 원인도 바로 이 지점에서 찾을 수 있다. 또한 한반도 평화의 진전은 미국의 최대 무기 수출국 가운데 하나인 한국의 무기시장 위축으로 이어질 수 있다. 이처럼 미국이 한반도의 현상 유지를 통해 누려왔던 기득권을 현상 변경을 통해 재조정할 의사가 있느냐의 여부가 문제 해결의 핵심적인 열쇠가 될 수밖에 없다.

그런데 또 하나의 자기와의 싸움이 있다. 이란 핵협정에서 탈퇴한 트럼프 행정부가 북한과의 합의는 이란 핵협정보다 강력할 것이라고 자신하고 있는 것이 바로 그것이다. 이러한 과욕 속에는 과유불급의 어리석음을 잉태하고 있다. 이 점을 이해하는 것은 대단히 중요하다. 트럼프 행정부가 역사상 가장 강력한 핵 합의 가운데 하나로 평가받았던 이란 핵협정보다 더 강력한 북핵 합의를 추구할수록 한반도 비핵화의 가능성도 낮아질 것이기 때문이다.

이와 관련해 대북 협상의 실무총책을 맡고 있는 폼페이오는 미국의 외교전문잡지 〈포린어페어즈〉 기고문에서 "앞으로 있을 북한과의 협정은 이란 핵협정보다 우수할 것"이고 "우리의 목표는 '최종적이고 완전히 검증되는 한반도 비핵화(final, fully verified denuclearization of the Korean Peninsula)'"라고 강조하면서 이것이 이란 핵협정보다 강력한 이유를 아래와 같이 설명했다.

"'최종적(Final)'의 의미는 북한이 앞으로는 또다시 대량파괴무기와 탄도미사일 프로그램을 재개할 가능성을 없애는 것이고 이는 이란 핵협정에는 담보되지 않은 것이다. '완전히 검증되는(Fully verified)'이라는 것은 이란의 핵심적인 군사 시설에 대한 사찰이 포함되지 않는 등 여러 가지 약점이 있는 이란 핵협정보다 더 강력한 검증 기준이 북한에 적용될 것이라는 점을 의미한다. 구체적인 합의는 협상에 남겨져 있지만, FFVD는 우리가 양보하지 않을 핵심적인 목표에 해당된다."*

트럼프 행정부가 이란 핵협정보다 강력한 북핵 합의를 시도하는 이유는 무엇일까? 이는 트럼프가 이란 핵협정을 '최악의 합의'라고 비난하면서 탈퇴한 데에서 그 이유를 찾을 수 있다. 만약 북핵 합의가 이란 핵협정보다 나약한 것이라는 평가가 나오면 트럼프로서는 체면을 크게 구기게 된다. 그래서 트럼프 행정부는 이란 핵협정보다 더 강력한 북핵 합의를 도출해야 한다는 강박관념에 사로잡혀 있다. 북핵 협상이 트럼프 행정부 자신과의 싸움인 까닭이다.

---

* Michael R. Pompeo, Confronting Iran: The Trump Administration's Strategy, Foreign Affairs, November/December, 2018.

그렇다면 이란 핵협정보다 더 강력한 북핵 합의가 나올 수 있을까? '미션 임파서블'에 가깝다. 그 이유는 폼페이오가 제시한 기준 자체가 너무 높다는 데에서 찾을 수 있다. 트럼프 행정부의 이란 핵협정에 대한 불만은 크게 세 가지로 압축할 수 있다.*

첫째는 이란의 우라늄 농축 활동을 완전하고 영구적으로 중단시키지 못했다는 것이다. 이란 핵협정에서는 이란이 3.7% 이하로 농축한 우라늄을 300kg까지 보유할 수 있도록 인정했다. 또한 2025년부터는 우라늄 농축 핵심 장비인 원심분리기의 보유 제한에서, 2030년부터는 우라늄 농축 보유 제한에서도 벗어나게 된다. 이란과 이 협정을 맺은 미국·영국·프랑스·중국·러시아·독일은 이 정도로도 이란의 핵무기 개발 시도를 막을 수 있다고 여겼다. 반면 트럼프 행정부는 언제든 이란이 핵무기를 개발할 수 있는 문을 열어준 것이라는 혹평을 쏟아냈다.

---

* 이란 핵협정의 자세한 내용과 트럼프 행정부의 탈퇴 배경은 〈핵과 인간〉 616~634쪽 참조.

둘째는 이란 핵협정은 이란의 핵 프로그램에 초점이 맞춰짐으로써, 핵무기와 함께 대량파괴무기로 불리는 생화학무기 및 탄도미사일, 테러 지원 활동 등은 포함되지 않았다는 것이다. 오바마 행정부는 과욕을 부리면 핵문제조차도 해결할 수 없다고 보고는 핵문제로의 선택과 집중을 했다. 하지만 트럼프 행정부는 이를 함량미달로 여겼다.

셋째는 검증 체계에 '빈 구멍'이 많다는 것이다. 이란은 국제원자력기구(IAEA)의 추가의정서도 가입·비준함으로써 신고 시설뿐만 아니라 미신고 의심 시설까지 사찰을 허용했다. 만약 이란이 의심 시설에 대한 사찰을 거부하면 협정국들의 표결을 거쳐 다시 제재를 부과한다는 '스냅 백(snap-back)' 조항도 협정문에 명시되었다. 이란 핵협정을 두고 "예외적이고 강력한 감시·검증·사찰 체계를 구축했다"는 평가도 이러한 맥락에서 나온 것이다. 그러나 트럼프 행정부는 턱없이 부족하다고 여겼다. 완벽하게 검증하려면 이란의 핵심적인 군사 시설도 사찰 대상에 포함되어야 한다는 것이다.

트럼프 행정부의 이러한 불만들은 북핵 해결 목표로 '최종적이고 완전히 검증되는 비핵화(FFVD)'를 삼게 된 원인이 되었다. 하지만 이러한 목표 자체가 비현실적이다. 우선 핵 프로그램 폐기 대상을 합의하는 것 자체가 쉽지 않다. 평화적 핵 이용 문제가 걸려 있기 때문이다. 일례로 북한 영변에는 경수로가 있다. 또한 경수로를 가동하려면 우라늄 농축 시설과 핵연료봉 제조공장이 있어야 한다. 폐기 대상에 이들 시설이 포함될 것인가가 관건이 될 수밖에 없는 것이다.

이를 예고하듯 미묘한 신경전도 있었다. 북한은 9·19 평양공동선언에서 "미국이 6·12 북미공동성명의 정신에 따라 상응조치를 취하면 영변 핵시설의 영구적 폐기와 같은 추가적인 조치를 계속 취해나갈 용의가 있음을 표명하였다." 그런데 폼페이오는 영변 핵시설 앞에 '모든(all)'이라는 수식어를 붙인 성명을 발표했다. 이게 핵무기의 원료로 쓰이는 핵분열 물질 생산 시설뿐만 아니라 전력 및 의료용 방사성 동위원소 생산 시설까지 염두에 둔 것이라면 북한과의 협상은 상당한 진통이 따를 수밖에 없다.

또한 폼페이오는 한반도 비핵화의 범주에 북핵 폐기뿐만

아니라 생화학무기 및 탄도미사일도 포함시키고 있다. 이는 존 볼턴 안보보좌관도 수차례 강조한 부분이다. 하지만 북한은 이를 수용하지 않으려고 할 것이다. 오히려 미국이 사실상 북한의 무장해제를 추구한다고 반발할 가능성이 높다. 참고로 북한은 생물무기금지협약(BWC)에는 가입했지만, 화학무기금지협약(CWC)에는 미가입 상태에 있고, 단거리·중거리·장거리·ICBM·잠수함발사탄도미사일(SLBM) 등 다양한 탄도미사일을 보유하고 있다.

검증 문제는 더욱 난제이다. 트럼프 행정부는 이란 핵협정보다 강력한 북핵 검증 체계를 구축하려면 사실상의 백지수표를 받아내야 한다고 여기고 있다. 핵과 관련된 미신고 및 의심 시설뿐만 아니라 생화학무기 및 탄도미사일, 그리고 핵심적인 군사 시설까지 사찰 대상에 포함시키려고 하는 것이다. 하지만 북한은 '주권 침해'를 들어 쉽게 허용하지 않으려고 할 것이다.

한편 이란 핵협정을 파기한 트럼프 행정부는 이란 정부에 새로운 협상을 제안하고 있다. 앞서 언급한 세 가지 내용

뿐만 아니라 이란군의 시리아에서의 철수, 헤즈볼라 및 하마스 지원 활동 중단, 이스라엘에 대한 위협 중단 등도 합의에 포함되어야 한다는 것이다. 하지만 이란 정부는 이를 일축하고 있다. 그러자 미국은 이란 제재의 고삐를 바짝 당기고 있다. 이러한 기대감을 표하면서 말이다. "이란의 경제가 악화되고 경제난에 처한 이란 국민들의 시위가 강해질수록 이란 지도부는 협상이 최선의 길임을 알게 될 것이다."*

추측컨대, 미국이 최근 대북 제재의 고삐를 더욱 당기고 있는 데에는 마찬가지 기대감이 깔려 있을 것이다. 폼페이오가 11월 5일부터 적용되는 이란에 대한 2차 경제 제재 여론전을 펼치면서 대북 제재 완화 및 해제의 문턱을 높인 것도 이러한 분석을 뒷받침해준다. 그는 10월 말과 11월 초에 '선 비핵화 및 검증, 후 제재 해제'라는 입장을 거듭 강조했다. "완전한 비핵화뿐만 아니라 그것이 이뤄졌다는 것을 검증할 우리의 역량을 갖는 것 역시 경제 제재 해제를 위한 전제조건"이라는 것이다.

---

* Michael R. Pompeo, Confronting Iran: The Trump Administration's Strategy.

이처럼 트럼프 행정부는 높이뛰기의 막대기를 높여놓고 북한에게 넘어보라고 한다. 북한이 높아진 막대기를 넘으려면 의지와 체력도 좋아지고 도약대도 높아져야 하는데 미국은 오히려 북한의 의지와 체력을 떨어뜨리고 도약대마저 낮추고 있는 형국이다. 미국의 종전선언과 대북 제재 완화 거부가 이에 해당된다. 완전한 비핵화 달성이 갈수록 멀게만 느껴지는 까닭이 아닐 수 없다.

# 7. 총성 없는 쿠데타

2018년 9월 초에 미국이 발칵 뒤집어졌다. 한 권의 책과 하나의 언론 기고문 때문이었다. 책의 저자는 '워터게이트' 사건을 특종 보도해 리처드 닉슨의 대통령직 사임까지 이 끌어낸 밥 우드워드였다. 그는 미국 행정부의 내부 문서, 고위 관계자들과의 인터뷰 및 이들의 메모와 일기 등을 취합해 《공포 : 백악관의 트럼프》라는 책을 내놨다.* 그가 책 제목을 이렇게 정한 이유는 2016년 대선 때 트럼프와 인터뷰한 내용이 떠올랐기 때문이다. 트럼프는 이렇게 말했었다. "진짜 권력은, 나는 이 단어를 쓰고 싶지 않지만, 공포이다." 우드워드가 내린 결론은 더욱 충격적이다. 대통령에 대한

---

* Bob Woodward, Fear: Trump in the White House, Simon & Schuster, 2018.

행정부 관료들의 집단적인 저항을 확인하고는 '행정적인 쿠데타'가 벌어지고 있다고 적었다.

　백악관은 즉각 '날조된 이야기'라고 반박했지만, 트럼프를 더욱 궁지로 몰아넣는 일이 곧이어 발생했다. 자신을 '저항 세력(resistance)의 한 명'이라고 소개한 행정부 현직 고위 관료가 익명으로 〈뉴욕타임스〉에 기고문을 실은 것이다. 그는 "트럼프 문제의 근원은 도덕관념이 없는 것(amorality)"이라고 주장하면서 트럼프 행정부의 딜레마를 이렇게 진단했다. "트럼프 행정부의 고위 관료들 가운데 많은 사람들은 행정부 내부에서 트럼프의 의제와 그의 최악의 성향을 좌절시키기 위해 부지런히 일하고 있다." 그러면서 미국 수정헌법 25조에 따라 트럼프의 대통령직을 박탈하는 문제도 내부적으로 은밀히 논의했다고 주장했다.[*]

---

* The New York Times, September 8, 2018.

## '코리아' 때문에?

미국 정계가 '내전에 휩싸였다'는 진단은 이전에도 나왔었다. 공화당과 민주당 사이의 정파적 갈등은 트럼프 행정부 출범 이전부터 이미 상수가 된지 오래 되었고 트럼프의 등장 이후 격화되었다. 이에 더해 트럼프는 자신에 비판적인 언론을 '가짜 뉴스'를 생산하는 '미국의 적'으로 규정하면서 '언론과의 전쟁'을 선포했다. 내전의 양상은 트럼프 행정부 내부에서도 나타났었다. 트럼프 자신이 임명한 고위 관료들이 마음에 들지 않는다고 트위터를 통한 해고 통보를 남발한 것이다. 이로 인해 미국 언론들은 트럼프를 '어린이'로, 그에게 충언을 하는 관료들은 '어른'으로 비유하기도 했다.

하지만 위에서 소개한 내용은 차원을 달리 한다. 여야 간의 대결, 언론과 대통령의 갈등, 시민사회의 저항 수준을 넘어 행정부 내에서 '총성 없는 쿠데타'가 발생하고 있다고 해도 과언이 아니기 때문이다. 우드워드의 책과 익명 관리의 기고문에 충격을 받은 탓인지, 트럼프는 언론을 통해 대놓고 이렇게까지 말하고 있다. "나는 행정부에 있는 사람들을 아무도 믿지 않는다." 트럼프를 대통령으로 인정하지 않으려는 관료들과 이들에 대해 노골적인 불신을 토로하는 대통령 사이의 어색한 동거가 이뤄지고 있는 셈이다.

그렇다면 왜 행정부의 관료들이 '저항 세력'을 조직해 '행정적인 쿠데타'에 나선 것일까? 우드워드와 익명의 고위 관료는 트럼프의 외교정책이 가장 큰 문제라고 입을 모은다. 그런데 주목할 점이 있다. 트럼프 행정부의 내막을 파헤쳐 초대형 베스트셀러에 올라선 《공포》에 가장 많이 등장하는 나라가 북한이라는 점이다. 448쪽 분량의 이 책에는 북한(North Korea)이 148회나 등장한다. 한국(South Korea)도 75회의 빈도수를 보였다. 반면 중국은 98회, 일본은 16회에 불과했다. 이것이 의미하는 바가 무엇일까? 미국 행정부의 관료들이 트럼프의 한반도 정책에 가장 큰 불만을 품고 있다는 것을 보여주는 것은 아닐까?

주목할 점은 또 있다. 우드워드의 책은 주로 트럼프의 대선 유세부터 2018년 초까지의 상황을 다뤘다. 이에 따라 6·12 북미정상회담에 관한 내용은 포함되지 않았다. 하지만 대북정책을 둘러싼 미국 내부의 격론은 북미정상회담을 전후해 극에 달했다. 그리고 행정부 내 '저항 세력'은 이에 대한 못마땅한 심기를 드러냈다. 〈뉴욕타임스〉에 익명으로 기고한 고위 관료는 자신을 비롯한 많은 관료들이 저항에 나서게 된 이유 가운데 하나로 이렇게 썼다.

"트럼프 대통령은 공적이나 사적으로 동맹국이나 마음을 함께 하는 국가들에 대해서는 거의 공감을 보이지 않지만, 러시아의 블라디미르 푸틴 대통령과 북한의 지도자 김정은과 같은 독재자들을 향해서는 호감을 보이고 있다."

공교롭게도 미국 정계를 강타한 우드워드의《공포》의 주요 내용이 언론에 보도되고 〈뉴욕타임스〉에 익명의 고위 관료의 글이 게재된 시점이 북한의 '9·9절' 행사와 조우했다. 세계의 관심은 북한이 열병식에 핵미사일을 선보일 것인가에 모아졌다. 북한은 자제했다. 그러자 트럼프는 바로 트위터를 날렸다. 김정은이 9·9절을 통해 전한 메시지는 "평화와 경제 발전이었다"며, 이는 "매우 크고 긍정적인 입장 표명"이라고 평가했다. 그러면서 이렇게 강조했다.

"모든 사람들이 틀렸다는 것을 우리 둘(나와 김정은)이
증명할 것이다."

트럼프가 '모든 사람들'이라고 칭한 대상은 '미국의 외교
정책 기득권 세력(foreign-policy establishment)'이다. 이들은
2차 세계 대전 이후, 특히 소련을 비롯한 공산주의 진영의
몰락 이후 '자유주의적 패권'을 앞세워 미국 외교를 쥐락펴
락해온 사람들이다. 이들은 행정부, 의회, 싱크탱크, 언론계,
군수업체 등을 회전문 돌듯이 오가면서 철옹성을 구축해왔
다. 한편으로는 자유민주주의와 자유 시장, 그리고 인권 등
의 '가치'를 앞세우고, 다른 한편으로는 막강한 군사력과 금
융시장 지배력을 통해 미국 패권주의의 세계화와 영구화를
꿈꿔왔다.

이를 위해서는 미국이 앞으로도 유일 초강대국으로 남
아 있어야 하고, 동맹은 강화·확대되어야 하며, 적대 국가와
적대 세력도 존재해야 한다는 철통같은 믿음을 가져왔다.

적이 없어지면 새로운 적을 찾으려고 했다. "악마가 고갈되고 있다. 적이 없어지고 있다. 그래서 나는 카스트로와 김일성에게 가려고 한다."* '걸프전의 영웅'으로 불렸던 콜린 파월 합참의장이 이라크의 후세인 정권을 격퇴하고 1991년 4월에 한 말이다.

이처럼 미국이 '세계 경찰'을 자처함에 따라 미국의 '기지 국가화'는 피할 수 없는 운명이 되고 말았다. 《기지 국가》의 저자 데이비드 바인의 지적처럼, "미국이 많은 숫자의 기지와 수십만 명의 병력을 해외에 상시 주둔시켜야 한다는 생각은 미국의 대외 정책과 국가 안보 정책에서 거의 종교적 신념이나 다름없다."**

여기에 도전장을 내민 인물이 바로 트럼프다. 그는 미국 국민, 특히 백인 남성들의 삶의 질도 갈수록 떨어지는 상황에서 주류 세력이 신봉해온 세계 경찰론은 한가한 소리로 간주했다. 그래서 그의 대통령 당선은 미국 외교정책 주

---

* Seattle Times, April 9, 1991.

** 데이비드 바인 지음, 유강은 옮김, 〈기지 국가〉(갈마바람, 2018년), 서문.

류에겐 자유주의적 패권의 종말처럼 비춰졌다. 이에 따라 2016년 대선에선 진풍경이 벌어졌다. 트럼프의 경쟁 상대인 민주당은 말할 것도 없고, 공화당의 주류, 특히 외교안보정책 관계자들은 "트럼프의 대통령직 수행은 전적으로 부적절하다"며 낙선 캠페인을 전개한 것이다.

하지만 이들이 똘똘 뭉칠수록 세계 경찰론에 신물을 느낀 민심과는 멀어졌다. 이와 관련해 미국의 국제정치학자인 스티븐 월트 하버드대 교수는 "미국의 외교 엘리트들이 지난 25년간 더 좋은 결과를 만들어냈다면, 트럼프는 아마도 대통령이 되지 못했을 것"이라고 일갈했다. 미국 외교정책 실패의 가장 큰 책임이 있는 기득권 세력이 트럼프의 외교정책을 비난할수록 현실 및 민심과 동떨어질 수밖에 없다고 지적하면서 말이다.*

하지만 미국 주류는 반기를 더 높이 들었다. 자유주의적

---

* 이에 대한 상세한 내용은 다음 책 참조. Stephen M. Walt, The Hell of Good Intentions: America's Foreign Policy Elite and the Decline of U.S. Primacy, Farrar, (Straus and Giroux, 2018)

개입주의의 신봉자였던 존 매케인 공화당 상원의원이 사망하자 그의 유가족은 매케인의 장례식 초청자 명단에 트럼프는 제외시킨 반면에 전직 대통령인 조지 W. 부시와 버락 오바마는 포함시킬 정도였다. 장례식에 참석한 인사들은 매케인 생전에 "미국은 이미 위대했다"며 "미국을 다시 위대하게(Make America Great Again)"를 국정 슬로건으로 내세운 트럼프를 조롱했다. 그리고 앞서 언급한 것처럼 미국 행정부 내의 광범위한 내부 고발자들은 우드워드를 통해 '행정적인 쿠데타'가 어떻게 전개되어왔는지 생생히 전했고, '저항 세력의 일원'이 트럼프와 앙숙 관계에 있는 〈뉴욕타임스〉에 익명의 기고문을 보냈다.

## 주한미군과 사드

그렇다면 트럼프 행정부 안팎에 있는 반대자들은 왜 트럼프의 한반도 정책에 불만을 품고 있는 것일까? 트럼프가 한미 FTA를 파기하려고 했던 것도 불만이었지만, 트럼프의 주한미군 철수론이 미국 주류의 심기를 건드린 가장 큰 요인이었다. 이들은 또한 북한을 상대로 한 트럼프의 '전쟁불사론'과 북미정상회담 모두 불안하게 바라봐왔다. 트럼프의 접근법은 미국 주류가 자유주의적 패권 유지에 가장 유리한 환경으로 간주해온 '한반도 현상 유지'의 판을 크게 뒤흔들 것이라고 여겨졌기 때문이다.

주한미군과 사드를 둘러싼 트럼프와 그의 참모들 사이의 충돌이 이를 잘 보여주었다. 우드워드의 책에 따르면, 트럼프는 주한미군 및 사드에 대해 수시로 불만을 토로했다. 가령 매티스 국방장관을 비롯한 고위 관료들은 2017년 7월 트럼프를 공부시키기 위해 펜타곤의 탱크로 그를 데려갔다. 하지만 설명을 들을수록 트럼프는 주한미군의 존재 이유에 대해 고개를 갸우뚱했다. 그러자 개리 콘 백악관 국가경제위원회 위원장은 "대통령님께서 잠을 편히 주무시려면 그 지역에 무엇이 필요하겠습니까?"라고 물었다. 트럼프는 이렇게 답했다. "빌어먹을 것은 필요 없소. 나는 아기처럼 잘 잘 수 있소." 불만 섞인 표정으로 트럼프가 탱크 밖으로 나가자 렉스 틸러슨 국무장관이 대통령을 가리켜 이렇게 투덜거렸다고 한다. "그는 바보 멍청이야."

2018년 1월에 열린 백악관 국가안보회의(NSC)에서도 유사한 일이 벌어졌다. 트럼프는 또다시 미국이 재정적인 부담을 안으면서까지 주한미군을 유지시켜야 할 이유를 모르겠다고 말했다. 그러자 매티스는 "북한이 ICBM 발사 시 주한미군은 7초 안에 이를 감지할 수 있지만, 알래스카의 레이더로는 15분이 걸린다"고 말했다. 그러면서 "우리는 3차 세계 대전을 막기 위해 이걸 하는 것입니다"라고 강조했다. 하지만 트럼프는 여전히 납득할 수 없다는 표정으로 "우리가 어리석지 않았다면, 우리는 진작에 부자가 되었을 거요"라고 푸념했다. 트럼프가 자리를 뜨자 매티스는 주변 동료들에게 "대통령은 5~6학년처럼 행동했고, 그 정도의 이해도를 갖고 있다"고 말했다고 우드워드는 책에서 썼다.

우드워드 책에선 사드 문제도 비중 있게 다뤄졌다.《공포》에 따르면 트럼프는 2017년 봄에 자신의 집무실에서 맥매스터 안보보좌관을 만났다. 이 자리에서 트럼프는 "한국이 사드 비용을 지불했는지" 물었고, 맥매스터는 "우리가 지불했다"고 답했다. 트럼프는 "그건 옳지 않다"며 자세히 알아오라고 지시했다. 펜타곤을 찾아가 자문을 들은 맥매스터는 다시 트럼프에게 보고했다. "그것은 사실 우리에게 매우 좋은 합의입니다. 그들은 우리에게 그 부지를 99년간 무상으로 임대해줬습니다. 사드 시스템과 설치 및 운영비는 우리가 부담하지만 말입니다." 하지만 트럼프는 더 화를 냈다. "10년간 100억 달러가 들지도 모르는데, 미국에 있지 않다"며 "그것을 빼서 포틀랜드에 배치하라"고 지시한 것이다.

이후에도 사드 문제는 트럼프와 그의 참모들이 격돌한 주요 요인이었다. 2017년 9월 매티스가 트럼프와의 면담을 위해 백악관에 찾아갔을 때의 일이다. 면담의 주된 목적은 트럼프가 한미 FTA를 파기하면 동맹에도 문제가 생길 수 있다며 만류하기 위한 것이었는데, 트럼프는 느닷없이 사드 문제를 꺼냈다. "왜 미국이 한국에 사드를 배치하는 데에 연간 10억 달러를 써야 합니까?" 매티스의 답변은 이랬다. "미국은 한국을 위해 이것(사드 배치)을 하고 있는 게 아닙니다. 사드 배치는 우리에게 도움이 되기 때문에 한국을 돕고 있는 것이죠."

그는 구체적인 이유로 "미국은 한국에서 극비에 해당하

는 '특별 접근 프로그램(Special Access Programs)'을 운영"
하고 있는데, 이 덕분에 "북한이 미국을 향해 ICBM을 쏘면
7초 이내에 탐지할 수 있다"고 강조했다. "미국으로 하여금
북한의 미사일을 요격할 수 있는 시간을 제공한다"는 설명
도 덧붙였다. 그의 발언 취지는 경북 성주 소성리에 배치된
AN/TPY-2 레이더로 7초 이내에 미사일 탐지가 가능하다
는 것이었다.*

　이처럼 미국 주류는 사드를 비롯한 주한미군에 대해 거
의 종교적 신념을 갖고 있는 반면에, 트럼프는 이를 이해할
수 없다는 태도를 보여 왔다. 그리고 트럼프의 이런 의구심
은 체화된 것이기도 하다. 트럼프가 소유주인 뉴욕의 트럼
프 타워에 들어가면 한국의 LG와 삼성이 만든 초대형 텔레
비전이 건물 곳곳에 붙어 있다. 자신의 건물에 한국산 제품
이 즐비한 것을 본 탓인지, 트럼프는 종종 한국을 '위대한
산업 국가'로 치켜세우곤 했다. 그리고 트럼프는 한국산 TV

---

* 참고로 미국은 이 레이더를 업그레이드해 미국 본토 방어용으로도 이용한다는 계획
을 갖고 있다. 다만 이러한 업그레이드가 진행 중이거나 완료되었다는 정보는 2018년
11월 현재까지는 없는 상태이다.

를 통해 북한의 처참한 현실을 봤을 것이다. 그가 2017년 한국 국회에서 남한을 '천국'으로, 북한을 '지옥'으로 묘사한 것처럼 말이다.

이런 트럼프에게 주한미군과 사드 배치는 이해할 수 없는 것이다. 이미 '위대한 산업 국가'가 된 한국이 먹고 사는 것도 버거워하는 북한을 상대할 수 없기 때문에 미군이 주둔해야 한다는 현실을 말이다. 그래서 그는 양자택일의 화법을 즐겨 사용해왔다. '미군을 빼거나 한국이 돈을 다 내거나.' 그는 6월 12일 싱가포르에서 김정은을 만난 직후에도 이런 속내를 가감없이 밝혔다.

"나는 언젠가는 주한미군을 철수하고 싶습니다. 집으로 데리고 오고 싶어요. 그 이유는 돈이 너무 많이 들기 때문입니다. 한국도 돈을 좀 내고 있으나 미국이 너무 많이 내고 있어요. 그러나 지금 당장 철수는 하지 않을 것입니다."

펜타곤을 비롯한 미국 주류에겐 공포의 순간이 다가오

고 있다고 여겨졌을 법한 장면이다. 그러자 미국 언론과 전문가들은 트럼프의 주한미군 철수 지시 가능성에 촉각을 곤두세우면서 그 위험성을 알리기에 바쁜 모습을 보였다. 또한 의회에서는 여러 청문회를 통해 이 문제를 집중적으로 부각시키기도 했다. 급기야 의회에서는 2019년 국방수권법에서 주한미군의 병력수를 2만2000명 이하로 줄이지 못하도록 아예 법으로 못 박았다.

트럼프가 사상 최초의 북미정상회담에 임하면서 그는 적어도 한반도에서는 '구세주'처럼 여겨져 왔다. 미국의 동맹·우방국들 가운데 트럼프 지지도가 한국에서, 특히 중도·진보 진영에서 압도적으로 높은 현실이 이를 잘 보여준다. 그런데 트럼프는 입으로는 "모든 사람들이 틀렸다는 것을 우리 둘(나와 김정은)이 증명할 것"이라고 해놓고선 정책적으로는 기득권 세력을 따라가는 모습을 보이고 있다. 이것을 어떻게 이해할 수 있을까? 변덕이 심하고 자의식과 인정투쟁 욕구가 강하며 지적 능력이 의심스럽다는 평가를 받아온 트럼프의 속내를 정확히 이해하기란 어렵다. 그래서 추측성 분석을 내놓을 수밖엔 없다.

사드와 주한미군의 철수를 야기할 수도 있는 한반도의 현상 변경에 미국 행정부 관료들이 저항하는 방식은 여러 가지가 있을 것이다. 앞서 언급한 것처럼 북한의 비밀 핵시설 보유설을 언론에 흘리는 것은 익숙한 방식이다. 또한 태업도 있는 것 같다. 종전선언이 즉각 이뤄지지 않는 이유가 이에 해당된다고 할 수 있다. 3장에서 다뤘듯이 트럼프는 종전을 가리켜 '축복'이라고 했고, 김정은과의 회담에서 조만간 서명키로 약속한 것이 확실하다. 그렇다면 그의 외교안보팀은 이를 위한 실무 작업에 착수하는 것이 상식에 맞지만 오히려 반대로 움직였다. 이런저런 이유를 대면서 종전선언을 뒤로 미루려고 했던 것이다.

'아첨'도 저항의 방식으로 동원되고 있을 가능성이 높다. 대북 제재 유지·강화가 이에 해당된다. 6·12 북미정상회담을 통해 '완전한 비핵화'가 명시된 공동성명이 채택되자 미국 내에선 "과거의 합의와 뭐가 다르냐?"며 "또다시 북한의 속임수에 넘어간 것"이란 혹평이 쏟아졌다. 그러자 트럼프와 고위 관료들은 과거와는 다르다는 점을 강조했다. 폼페이오는 "북한이 과거에도 유사한 약속을 했다"는 점을 인정하면서도 "지도자간의 약속은 처음"이라는 점을 부각시켰다. 그리고 그 공을 트럼프의 리더십으로 돌렸다. 트럼프가 무력 사용 의지 및 강력한 대북 제재를 동원해 '최대의 압박'을 가한 결과, 김정은이 정상회담에 나와 비핵화를 약속했다는 것이다.*

북한과의 실무 총책을 맡고 있으면서 트럼프의 오른팔이라고 할 수 있는 폼페이오가 북미정상회담 및 김정은의 '완전한 비핵화' 약속을 트럼프의 공으로 돌리는 것은 당연한 것일 수 있다. 하지만 그의 속마음은 다를 수 있다. 이와 관련해 〈뉴욕타임스〉는 폼페이오가 7월 초 방북 직전에 "'북한의 핵·미사일 포기를 설득하는 임무는 처음부터 실패할 운명에 처해져 있다'는 얘기를 (외부 전문가들에게) 했다"고 전했다. 심지어 측근 참모들에겐 북한과의 협상이 실패할 것이라면 "빨리 그렇게 돼서 우리 정부가 북한에 대한 제재와 외교적 고립이란 '최대의 압박' 작전으로 돌아갈 수 있길 바란다"고 말했다고 한다.**

---

\* Michael R. Pompeo, Confronting Iran: The Trump Administration's Strategy.

\*\* The New York Times, July 5, 2018.

폼페이오는 김정은과 이미 여러 차례 만난 바 있고 그래서 북한의 요구 사항도 잘 알고 있다. 특히 그는 미국이 종전선언에 응하고 대북 제재를 풀어주면 미국도 놀랄 정도로 비핵화가 빨라질 것이라는 말도 들었을 터다. 하지만 그는 미국의 상응조치, 특히 대북 제재에 대해서 강경한 입장을 고수해왔다. 북미공동성명에 담긴 새로운 관계 수립, 대북 안전 보장, 비핵화가 "병행해서 동시적으로 이뤄져야 한다"는 점을 인정하면서도 "경제 제재는 완전히 별개의 문제"라는 것이다. 그가 대북 제재에 이처럼 집착하는 이유는 불분명하다. 어차피 비핵화는 불가능하다는 회의론 때문일 수도 있고, 이번에는 제재가 통할 것이라는 믿음 때문일 수도 있다. 또한 비핵화가 한반도의 현상 변경을 초래해 주한미군의 철수를 야기할 수도 있다는 미국 주류의 공포를 공유하고 있기 때문일 수도 있다.

다만 분명한 것은 그가 FFVD가 달성될 때까지 제재는 유지·강화되어야 한다는 점을 트럼프에게 끊임없이 주입하고 있다는 것이다. 이는 폼페이오뿐만 아니라 존 볼턴, 사임설이 나돌고 있는 매티스와 니키 헤일리 유엔 대사 등도 마찬가지이다. 이들은 트럼프에게 이렇게 속삭이고 있을 것이다. "대통령님의 제재를 위시한 최대의 압박 덕분에 여기까지 왔습니다. FFVD를 달성하려면 제재의 페달에서 발을 떼어서는 안 됩니다. 이란 핵협정보다 더 강력한 북핵 합의를 받아낼 수 있는 유일한 방법은 제재밖에 없습니다."

안타깝게도 트럼프는 이 말에 현혹되고 있는 것 같다. 트럼프는 나르시시즘과 인정투쟁 욕구가 누가보다도 강하다. 그리고 상대방의 약점을 잡고는 최대한 적게 주고 최대한 많이 받아내는 것을 '협상의 기술'로 여긴다. 사정이 이렇다보니 미국이 제재에 중독될수록 한반도 비핵화는 멀어진다는 점을 깨닫지 못하고 있다. '완승'을 추구하는 그의 기질이 비핵화의 '최후'로 이어지지 않을까 걱정이 드는 까닭이다.

# 8. 김정은의 도취감과 불안감

　북한의 김정은 위원장은 '핵과 인간'의 역사에 있어서 특기할 만한 인물이다. 아버지의 급사로 불과 27세의 나이에 북한의 최고 지도자가 된 그는 역사상 최연소 핵보유국 지도자라는 기록을 갖고 있다. 집권 이후 '국가 핵무력 건설'을 향해 폭주를 거듭했던 그는 2017년 연말에 '완성'을 선언했다. 그리고 2018년에는 '완전한 비핵화' 의지를 대내외에 천명했다. 그렇다면 김정은은 핵무기를 포기하기 위해 '핵무력 완성'을 추구한 최초의 인간으로 역사에 기록될 수 있을까?

　아마도 김정은 본인도 모를 것이다. 물리학의 결정체인 핵이 지닌 양면성이 변화무쌍한 인간 의식과 만나면 어떤

화학작용을 일으킬지는 아무도 장담할 수 없는 문제이기 때문이다. 그래서 김정은은 국제사회, 특히 미국을 향해 '완전한 비핵화'를 실현할 수 있는 조건과 환경을 만들어달라고 호소하고 있다. 그 호소가 먹혀들어갈수록 비핵화의 의지를 다질 수 있지만, 그 호소가 외면당할수록 자신의 선택이 옳았는지에 대해 의문을 품게 될 것이다.

### 도취감과 관성

트럼프 행정부는 대북 제재를 비롯한 '최대의 압박' 덕분에 김정은 정권이 '완전한 비핵화'를 약속하면서 정상회담에 응한 것으로 간주한다. 그리고 트럼프 행정부가 이러한 도취감에 취해 제재의 페달을 계속 밟을 경우 비핵화는 오히려 멀어질 가능성이 높다고도 지적한 바 있다. 그런데 도취감의 위험성은 김정은 정권에서도 엿볼 수 있다. 북한은 트럼프가 사상 최초의 정상회담에 응한 것을 '국가 핵무력 완성' 덕분이라고 바라봤다. 핵탄두를 장착한 ICBM 능력을 과시함으로써 미국과 '힘의 균형'을 이루고 '누구도 감히 넘볼 수 없는 세계적인 군사대국'이 되었기 때문에 트럼프가 정상회담에 응한 것으로 간주한다.

북한이 이러한 도취감에 빠져든 데에는 전혀 근거가 없는 것도 아니다. 북한이 핵무기가 없었거나 비핵화 약속을 비교적 잘 지키고 있었거나 핵 능력이 고도화되지 않았던 상태와 '국가 핵무력 건설 완성'을 선포한 이후에 벌어지고 있는 상황을 비교해보면, 이러한 진단이 결코 지나치지 않다는 것을 알 수 있다.

이미 고인이 된 김일성 주석과 김정일 위원장도 미국 현직 대통령과의 정상회담을 간절히 원했었다. 1970년대 후반 지미 카터 대통령도 북미정상회담, 혹은 남북미 정상회담에 흥미를 갖고 있었지만, 미국 내부의 반대로 무산되었다. 빌 클린턴 대통령도 2000년에 평양 방문을 약속했지만, 미국 대선에서 승리한 조지 W. 부시 진영과 의회에서 반대하면서 성사되지 못했다. 흥미롭게도 이 두 사람은 이후 '전직' 대통령 자격으로 각각 김일성과 김정일을 만났었다.

김정은도 마찬가지였다. 그는 2013년 2월 평양을 방문한 미국 프로농구(NBA) 스타인 데니스 로드맨을 통해 버락 오바마 대통령을 만나고 싶다는 뜻을 밝혔지만, 로드맨이 미국에서 '종북주의자'로 왕따 당하는 모습만 지켜봤을 뿐이다. 그런데 정작 김정은이 '핵무력 건설 완성'을 선언한 직후에 트럼프와 만나고 싶다는 뜻을 전하자 기적(?)이 일어났다. 사상 최초의 북미 정상회담이 성사된 것이다.

더 놀라운 것은 6·12 북미정상회담에서 채택된 공동성명의 내용이었다. 이전까지의 합의들은 한반도 비핵화를 먼저 배치하고 평화체제 구축과 북미관계 정상화를 후순위로 배치하는 방식들이었다. 하지만 이번에는 새로운 북미관계의 수립, 한반도 평화체제 구축, 한반도의 완전한 비핵화 순서로 합의 사항들이 배치되었다. 북한은 오랫동안 자신의 핵무장이 북미간의 적대관계와 한반도 정전체제의 산물이었다며, 북미관계가 정상화되고 평화체제가 구축되면 비핵화도 자연스럽게 이뤄질 것이라고 주장해왔다. 이를 놓고 보면 6·12 북미공동성명은 북한의 오랜 주장이 관철된 것이라고 해도 과언이 아니다.

하지만 북한은 도취감에 취한 나머지 시야는 흐려지고 기존의 관성에서 크게 벗어나지 못했다. 북한은 최고 지도자의 결정이 곧 법처럼 간주되는 체제이다. 그래서 김정은은 미국 대통령인 트럼프와의 합의가 잘 지켜지리라 믿었다. 북한이 북미정상회담 및 공동성명을 두고 "과거와는 다른 독특한 방식"이라고 표현하면서 강한 기대감을 피력한 것도 이러한 맥락에서 이해할 수 있었다. 하지만 미국은 북한과는 달리 다원주의 체제이자 견제와 균형을 국정 원리로 삼고 있는 나라이다. 그래서 의회와 여론의 반응에 민감할 수밖에 없다. 더구나 한반도의 현상 변경을 향한 '작용'이 일어나면 현상 유지를 선호하는 세력의 '반작용'도 커진다는 점은 과거에도 수차례 확인된 바였다. 그런데 북한은 이러한 점들을 제대로 인지하지 못했던 것 같다.

더구나 북한은 관성에서 벗어나지 못했다. 북미정상회담을 전후해 '단계적·동시적 조처'를 숱하게 주장했는데, 이는 그 의도와 관계없이 미국의 회의론자들에게 힘을 실어주고 말았다. 정치적 성향과 관계없이 미국의 대다수 언론·전문가·정치인들은 "김정은은 절대로 핵을 포기하지 않을 것"이라는 주장을 신념처럼 받들어왔다. 이런 그들에게 북한의 '단계적·동시적 조처' 주장은 "김정은이 핵을 포기하는 시늉만 하고 일부 양보는 하면서도 결국 핵보유국 지위를 노리는 것"이라는 신념을 더욱 굳건하게 만들었다. 이들에게 '단계적'이라는 표현은 북한의 시간끌기로 비춰졌고 그래서 북미정상회담 및 그 이후 과정에 대한 혹평으로 이어졌다.

물론 이러한 진단에 북한은 억울할 수 있다. 단번에 비핵화를 할 수 없고 미국의 상응조치도 마땅히 있어야 한다는 점에서 '단계적·동시적 조처'는 상식적인 주장이라고 할 수 있다. 또한 북한은 6·12 정상회담을 전후해 핵실험 중단 및 풍계리 핵실험장 폐쇄, 탄도미사일 시험발사 중단 및 엔진 시험장 해체, 미군 유해 송환 등과 같은 선제적인 양보조치들도 취했다. 하지만 지난 25년 동안 '북한의 도발→북미 협상→미국의 양보→북한의 재도발'이라는 패턴에 당했다고 여겨온 미국의 주류는 북한의 주장과 초기 조치들을 또 하나의 속임수로 여겼다. 특히 북한이 핵 신고와 검증, 그리고 핵무기 및 핵물질과 관련해서는 아무런 언약조차 하지 않은 것을 두고 집중적으로 문제를 삼았다.

과거의 전례와 최근의 상황을 종합해보면 북한은 다음과 같은 단계적인 비핵화를 염두에 두고 있는 것으로 보인다. 핵실험과 미사일 시험발사 중단 → 핵실험장 및 서해미사일 시험장 폐쇄 → 핵물질을 생산하는 영변 핵시설 폐기 → 핵물질 폐기 → 핵무기 폐기. 중간에 현장 방문과 사찰과 같은 검증 조치들도 일부 허용하면서 말이다. 물론 이러한 단계적 조치는 미국의 상응조치가 '동시적'으로 이뤄져야 한다는 것을 전제로 한 것이었다.

그런데 트럼프 행정부는 '조기 수확' 혹은 '프론트 로딩 (front loading)'을 원했다. 북한이 최종 단계로 상정하고 있는 핵무기의 폐기를 조기에 일부라도 해줬으면 하는 바람을 갖고 있었다. 이와 관련해 미국의 매체 〈복스〉는 복수의 미국 관리들을 인용해 "폼페이오 국무장관이 북한에 핵무기 50~60%를 6~8개월 이내에 미국이나 제3국에 반출할 것을 제안했지만, 김영철 노동당 부위원장이 거절했다"고 보도했다.* 북한 외무성은 폼페이오가 7월 초 방북 당시에 '강도적 요구'를 했다고 맹렬히 비난했는데, 바로 이 요구를 가리킨 것이라고 할 수 있다.

결과론적인 비판이지만, 북한은 오히려 미국의 제안을 기회로 잡았어야 했다. 폼페이오의 제안을 일축할 것이 아니라 대북 제재 해제 및 평화협정의 조속한 체결과 같은 파격적인 '프론트 로딩'을 역제안하면서 협상을 벌였어야 한다는 것이다. 기회를 놓친 북한은 곤란한 처지에 몰리고 있다. '조기 수확'이 어렵다고 판단한 트럼프 행정부는 그 이후 "시간 싸움을 하지 않겠다"며 오히려 느긋한 태도로 돌아섰다. 급한 쪽은 북한이라고 믿고는 제재의 고삐를 바짝 당기면서 말이다.

---

* https://www.vox.com/2018/8/8/17663746/pompeo-north-korea-nuclear-60-70

**불안감**

북미공동성명의 이행이 기대만큼 진전되지 않던 9월 초, 김정은은 평양을 방문한 문재인 정부 특사단에게 의미심장한 말을 건넸다. 정의용 청와대 안보실장의 전언에 따르면, 그는 "비핵화 결정에 대한 자신의 판단이 옳은 판단이었다고 느낄 수 있는 그러한 여건이 조성되기를 희망한다"고 말했다. "신뢰의 기반 아래 트럼프 대통령의 첫 임기 내에 북한과 미국 간의 70년간의 적대적인 역사를 청산하고 북미 관계를 개선해나가면서 비핵화를 실현했으면 좋겠다"는 말과 함께.

그리고 9월 29일 유엔 총회 무대에 올라선 리용호 북한 외무상은 단호하면서도 간절한 어조로 그 여건을 강조했다. "비핵화를 실현하려는 우리 공화국 의지는 확고부동하지만, 이것은 미국이 우리로 하여금 충분한 신뢰감을 가지게할 때만 실현 가능하다"며 말이다. 그가 강조한 여건의 핵심은 6·12 북미공동성명의 철저한 이행을 통한 신뢰 구축이다. 북미공동성명의 "가장 중요한 정신 중의 하나는 쌍방이 구태에서 벗어나 완전히 새로운 방식으로 문제를 풀어나가기로 합의한 것"이라고 했는데, 그가 말한 '완전히 새로운 방식'이란 상호간의 우려와 요구 사항을 동시행동 차원에서 단계적으로 이행하는 것을 뜻한다.

하지만 북한은 북미공동성명 이후에 미국이 또다시 '선 비핵화'라는 구태로 회귀했다고 본다. 실제로 미국은 한미군사훈련 중단 이외에 북미공동성명의 정신에 부합하는 조치를 취한 것이 없다. 트럼프가 구두로 약속한 종전선언도, 연락사무소 설치와 같은 북미관계 개선의 초보적인 조치도, 신뢰구축의 중대한 조치인 대북 제재 완화도 없는 상황이다.

주목할 점은 북한이 미국의 북미공동성명 이행이 지지부진한 이유를 미국의 국내 정치에서 찾고 있다는 데에 있다. 이와 관련해 리용호는 유엔 연설에서 "미국의 정치적 반대파들"이 "우리 공화국을 믿을 수 없다는 험담을 일삼고, 받아들일 수 없는 무례한 일방적 요구를 들고 나갈 것을 행정부에 강박하여, 대화와 협상이 순조롭게 진척되지 못하게 훼방하고 있다"고 주장했다. 그러면서 "(미국의) 정적(政敵)

공격"으로 북미공동성명이 "미국 국내 정치의 희생물"이 될 경우 "예측 불가능한 후과의 가장 큰 희생물은 바로 미국 그 자체가 될 것"이라고 경고했다.

김정은도 불안감 섞인 불만을 감추지 않고 있다. 그는 8월에 원산갈마해안관광지구 건설 현장을 찾아 이 사업이 "강도적인 제재 봉쇄로 우리 인민을 질식시켜보려는 적대세력들과의 첨예한 대결전이 벌어지고 있다"고 말했다. 10월에도 같은 곳을 찾아 "적대세력들이 우리 인민의 복리 증진과 발전을 가로막고 우리를 변화시키고 굴복시켜 보려고 악랄한 제재 책동에만 어리석게 광분하고 있다"며 비난의 수위를 높였다. "시련 속에서 자기의 힘을 백배로 비축한 우리 국가가 어떻게 우리의 힘과 기술, 우리의 손으로 강대한 나라를 꾸려 나가는가를 시간의 흐름과 함께 뚜렷이 보게 될 것"이라며 결기도 밝혔지만, 미국 주도의 대북 제재가 풀리지 않으면 한계가 있을 수밖에 없다는 점은 김정은 본인도 잘 알고 있다.

하지만 미국의 반응은 싸늘하다. 국무부 대변인실은 위

와 같은 김정은의 발언에 대한 질의에 "트럼프 대통령은 제
재 완화는 비핵화의 뒤를 따르게 될 것이라는 점을 매우 분
명히 해왔다"고 답했다. 폼페이오 역시 "우리가 북한의 핵무
기 포기가 실현됐다는 것을 검증할 기회와 역량을 갖게 된
다면 그 후에야 북한에 부과된 경제 제재가 없어질 것"이라
고 밝혔다. '선 비핵화·검증, 후 제재 완화·해제'라는 입장
을 분명히 한 것이다. 그러자 북한은 외무성 미국연구소 소
장인 권정근의 논평을 통해 병진 노선으로 회귀할 수 있다
고 경고했다. 개인 논평이라는 형식을 통해 그 파장은 줄이
면서도 자신들의 강력한 의지는 내비친 셈이다.

　미국이 완강한 태도를 고수하면서 김정은의 셈법도 복잡
해질 수밖에 없다. 또다시 미국을 강력히 비난하면서 판을
깨고는 과거로 되돌아가기에는 너무 널리 왔다. 그렇다고 미
국이 보여주는 '그림의 떡'을 믿고 먼저 핵을 포기한다는 것
도 있을 수 없는 일이라고 여길 것이다. 진퇴양난인 셈이다.
하여 김정은은 트럼프와의 담판에 기대를 걸고 있다. 간곡
한 심정으로 "당신만은 믿는다"는 메시지를 전달하면서 2차
북미정상회담을 제안한 까닭도 바로 여기에 있다.

다만 김정은이 명심해야 할 점은 있다. 핵탄두 장착 ICBM 보유 시도가 트럼프에게 초대장이 되었고 이러한 능력 구비를 자제키로 한 것이 미국이 변심한 이유로 간주해서는 안 된다는 것이다. 이러한 인식은 대단히 위험한 선택을 잉태할 수 있다. ICBM 보유 시도를 재개해야 미국을 효과적으로 압박할 수 있다고 여길 수 있기 때문이다. 하지만 이러한 선택은 최악의 한수가 될 것이다. 미국이 무력 사용은 '말폭탄' 수준에서 자제하더라도 전면적인 경제봉쇄에 나설 가능성은 농후하기 때문이다.

# 9. INF 조약마저 사라지면

　최근 언론을 통해 종종 소개되고 있지만, 여전히 생소하게 여겨지는 조약이 있다. 1987년 미국과 소련이 체결한 '중장거리 핵미사일 폐기 조약(Intermediate-Range Nuclear Forces Treaty, 이하 INF 조약)'이 바로 그것이다.* 이 조약이 체결되기 직전까지 미국과 소련의 핵무기는 각각 3만개와 4만개에 달했고 '핵 겨울(nuclear winter)'라는 말이 지구촌을 배회하고 있었다. 이처럼 냉전이 최고조에 달했던 1987년에 체결된 이 조약은 극적인 반환점이었다. 이를 계기로 미국과 소련이 냉전 종식을 향해 거보를 내딛기 시작했기 때문이다.

---

* 이 조약은 사거리 500~5500km의 지상 발사 탄도 및 순항 미사일의 보유·실험·배치를 전면 금지하고 있다. 그러나 이 조약은 공중 및 해상 발사 미사일은 허용하고 있다.

그 여파는 한반도에도 다다랐다. 1991년 조지 H. W 부시 행정부의 한국 내 전술핵 철수 → 노태우 정부의 핵무기 부재 선언 → 남북한의 한반도 비핵화 공동선언 및 남북기본합의서 채택으로 이어진 '코리아 데탕트'도 이 조약에 힘입은 바가 크다. 당시 미국은 상당량의 지대지 미사일을 한국에 배치해놓고 있었는데, 이 조약에 따라 이를 철수·폐기했기 때문이다. 이는 곧 INF 조약이 위기에 처하면 그 파장이 한반도에도 크게 미칠 수밖에 없다는 것을 의미한다.

그런데 트럼프 미국 대통령이 2018년 10월 20일 INF 조약 파기 의사를 강력히 시사했다. "러시아 정부가 합의를 위반했다"며, "우리는 협정을 파기하고 탈퇴하려고 한다"고 말한 것이다. 그 직후 존 볼턴 안보보좌관이 러시아를 방문해 사실상 탈퇴 의사를 전달했다. 러시아 측은 잔류를 요청했지만, 볼턴은 "탈퇴 이외의 대안은 없다"고 못 박았다. 이에 따라 INF 조약의 종말은 시간문제가 될 위기에 처했다.

단언컨대, 이 조약의 존속 여부는 한반도 비핵화와 평화체제 구축을 포함한 우리의 운명에도 지대한 영향을 줄 수밖에 없다. 그런데도 대다수 언론과 전문가들은 '강 건너불'로 여긴다. 김정은과 트럼프를 비롯한 북미 인사들의 말한마디 한마디는 시시콜콜하게 보도하면서 다양한 분석을쏟아내고 있지만, 이보다 훨씬 중대한 문제에 대해서는 이상하리만큼 둔감하다.

한국에게는 뼈아픈 기억이 있다. 한국 외교의 최대 참사가운데 하나인 '탄도미사일방어(ABM) 조약 파동'이 바로 그것이다. 2001년 2월 김대중-블라디미르 푸틴 대통령이 한러정상회담을 갖고는 "ABM 조약이 전략적 안정의 초석이며 이를 보존·강화한다"고 합의·발표한 것이 사건의 발단이었다. ABM 조약은 사실상 MD를 금지한 조약이었던 반면에, 당시미국의 부시 행정부는 MD 구축에 사활을 걸고 있었다. 그런데 김대중 정부가 이 조약에 대한 지지 입장을 밝히면서 부시행정부에 반기를 든 모양새가 되었다. 이로 인해 한미 관계는격랑에 휩싸였다. 한국은 "그런 뜻이 아니다"라고 진땀 해명을했지만, 분개한 미국은 그럼 "MD에 참여하라"고 압박했다.*

---

* ABM 조약 파동에 대한 자세한 내용은 〈핵과 인간〉, 369-388쪽 참조.

그런데 믿기 힘든 점이 있었다. ABM 조약 파동은 김대중 정부의 무지에서 비롯되었다는 것이다. 즉 ABM 조약이 미러 관계에 얼마나 민감한 문제였는지 제대로 파악하지 못하고 있었다는 것이다. 당시 미국은 MD 구축을 위해서는 ABM 조약 파기가 필요하다고 보고 기회만 노리고 있었다. 반면 러시아는 이에 대해 강력히 반대하고 있었다. 외신만 유심히 봤어도 이를 알 수 있었다.

결국 ABM 조약 탈퇴를 호시탐탐 노리던 부시 행정부는 2001년 9·19 테러를 이유로 이 조약에서 탈퇴를 선언했다. 그리고 MD는 강대국 정치의 전면에 등장했고, 한반도는 그 한복판에 휘말리고 말았다. 가령 이 조약이 살아 있었다면, 미국이 한국에 사드를 배치할 수는 없었다. 이 조약을 정면으로 위배하는 것이었기 때문이다.

ABM 조약 파동을 복기하면서 INF 조약을 거론한 취지도 바로 여기에 있다. 이 조약의 향방에 가장 큰 영향을 받게 될 지역 가운데 하나가 바로 한반도인데, 정작 우리는 이에 너무 무지하고 둔감하다고 여겨지기 때문이다. 그래서 또다시 실수를 되풀이하지 않으려면 INF 조약의 향방과 그것이 한반도에 미칠 영향에 대한 전망도 반드시 우리의 시야 안에 두어야 한다.


## 왜 탈퇴 선언을?


앞서 자세히 다룬 것처럼 트럼프 행정부는 이란 핵협정에서 탈퇴한 상황이다. 그리고 "북핵 합의는 이란 핵협정보다 더 강력한 것이 될 것"이라고 호언장담하고 있다. 하지만 미국이 허들을 높여놓고 북한에 넘어오라고 하면 할수록 비핵화의 가능성도 낮아질 것이라고 분석했다.

그런데 트럼프가 이번에는 INF 조약 탈퇴 카드를 꺼내들었다. 실제로 이 조약마저 사라지면 냉전 부활은 거스를 수 없는 대세가 될 공산이 크다. 다만 트럼프의 발표로 이 조약의 파기가 공식화된 것은 아니다. 조약문 15조 2항에 따르면, "당사국은 특수한 상황 발생으로 자국의 최고의 이익이 위태롭다"고 판단되면, "특수한 상황이 자국의 최고 이익을

침해하는 사유를 적시한 입장을 상대국에게 통보해야" 한
다. 6개월 전에 이러한 조치가 이뤄져야 하며 조약의 공식적
인 파기는 통보 후 6개월 후부터 적용된다.

트럼프가 밝힌 탈퇴 선언 사유는 크게 두 가지이다. 하나
는 "러시아가 여러 해 동안 조약을 위반해 왔다"는 인식에
있다. 실제로 미국은 2011년부터 러시아가 순항 미사일을
개발하는 등 이 조약을 위반해왔다고 주장해왔다. 오바마
행정부는 여러 차례 러시아에 경고를 보냈지만, 오히려 러시
아는 미국도 위반하고 있다며 맞불을 놓았다.

러시아의 논리는 미국이 MD 실험에 요격 대상 미사일을
동원했는데, 이 미사일이 INF 조약이 금지한 미사일 아니냐
는 의혹이었다. 또한 방어용 요격미사일이 언제든 공격용 미
사일로 바뀔 수 있다는 의구심도 제기해왔다. 오바마 행정
부는 러시아의 주장이 물타기에 불과하다며 일축했지만, 미
국 주도의 MD에 불만을 품은 러시아의 공세는 계속되었다.
그 이후 상황은 계속 악화되었다. 러시아가 우크라이나 내
전에 개입하고 크림반도마저 병합하자 미국은 러시아에 대

한 강공책으로 일관했다. 경제 제재를 주도하는 한편, 2015년 이란 핵협정 타결에도 불구하고 유럽 MD를 강화시켜나간 것이다. 그러자 러시아는 유럽 MD를 무력화시킬 수 있는 중거리 미사일 개발·배치 경고로 맞섰다.

푸틴과 친분을 쌓고 싶다던 트럼프가 미국 대통령으로 취임하면서 미러관계는 새로운 조정기로 접어드는 듯했다. 하지만 러시아의 미국 대선 개입 의혹이 미국 정계를 강타하고 트럼프를 제외한 미국 고위직이 "미국의 주적은 러시아"라고 주장하면서 미러관계는 회복되지 못했다. 더구나 트럼프는 러시아와 중국을 향해 "군비경쟁을 해볼 테면 해보자. 우리가 이길 것이다"라고 공언했다. 이 와중에 2017년 말에 발표된 국가안보전략(NSS) 보고서에서는 러시아와 중국을 가리켜 국제질서의 변경을 추구하는 '수정주의 세력'으로 못 박았다.

미국이 INF 조약 탈퇴를 시도하는 또 한 가지, 그러나 더 중요한 배경이 있다. 실질적으로는 중국을 염두에 뒀을 가능성이 크다는 것이다. 일단 중국은 이 조약의 당사국이 아니기 때문에 지상 발사 탄도 및 순항 미사일의 개발·배치에 제약을 받지 않았다. 이에 따라 미국 내 일각에서는 이 조약에 대한 불만이 끊임없이 제기되어왔다. "미국은 INF 조약에 손발이 묶여 있는 사이에, 중국은 마음대로 만들고 배치하고 있다"는 것이다.

이러한 푸념은 2017년 4월 상원 청문회에서 당시 태평양 사령부 사령관 해리 해리스(현 주한미국대사)를 통해 공개적으로 표출됐다. 그는 "중국이 INF 조약의 당사국이었다면 중국의 미사일 전력의 약 95%는 이 조약을 위반하는 셈이 된다"고 주장하면서 이렇게 덧붙였다. "미국은 러시아와의 INF 조약에 의해 (중국과) 상응할 능력이 없기 때문에 이러한 사실은 중대한 것이다."* 트럼프 역시 탈퇴 의사를 밝히면서 중국을 거론했다. "러시아가 (INF 조약이 금지한 무기를) 만들고 중국도 만들고 있는데 우리만 조약을 준수한다면, 그건 받아들일 수 없다"는 것이다. 이는 러시아는 물론이고 중국도 새로운 조약을 체결할 의사가 없다면 미국도 지상

---

* The Washington Post, October 21, 2018.

발사 탄도 및 순항 미사일을 본격적으로 개발·배치하겠다는 의미를 담고 있다.

하지만 러시아가 INF를 대체할 조약 체결에 동의할지는 극히 불확실하다. 기실 INF 조약에서 탈퇴할 수 있다는 경고는 러시아 쪽에서 먼저 나왔었다. 미국에 비해 재래식 군사력이 크게 뒤지고 미국이 MD에 박차를 가하는 상황에서 러시아는 중거리 미사일을 이러한 열세를 만회해줄 '이퀄라이저'로 여겼기 때문이다.

그래서 트럼프의 탈퇴 선언은 '울고 싶었던' 푸틴의 뺨을 때려준 격이라고 해도 과언이 아니다. 실제로 볼턴과의 면담을 통해 미국의 완강한 입장을 확인한 푸틴은 "군비경쟁 이외에는 대안이 없다"며 강력한 맞대응을 시사하고 있다. 특히 유럽의 나토 동맹국들을 향해 "미국의 미사일 배치를 허용하는 나라는 러시아의 보복을 각오해야 할 것"이라고 으름장을 놓고 있다. 유럽 주요 국가들은 냉가슴을 앓을 수밖에 없다. 한편으로는 "러시아가 INF 조약을 위반하고 있다"는 미국의 주장에는 동조하고, 다른 한편으로는 미국에게

이 조약에서 탈퇴하지 말아 달라고 호소하고 있다. 하지만 '미국 제일주의'를 천명한 트럼프는 귀를 막고 있고, 푸틴은 나토의 균열이 더 격화되는 것을 내심 반기고 있다.

중국은 어떨까? 중국은 우선 지정학적 위치가 미국과는 판이하게 다르다. 미국은 태평양과 대서양을 양쪽에 끼고 있고 주변에 군사적 위협을 가할 나라가 거의 없는, 그래서 지리적으로 요새화된 나라이다. 반면 중국은 인근 지역에 적대적, 경쟁적 관계에 있는 다수의 국가들과 국경을 맞대고 있다. INF 조약에서 금지한 미사일이 품고 있는 군사적 가치가 미국과 중국에겐 판이하게 다를 수밖에 없는 까닭이다.

또한 미국은 상당한 수준의 군사력을 아시아-태평양 지역에 전진 배치한 상황인 반면에, 중국은 북미 지역에 배치한 군사력이 전무하다. 아울러 중국은 미국에 비해 해상 및 공중 공격 능력과 전략 미사일 능력이 크게 떨어진다. 이러한 상황에서 중국이 INF를 대체할 조약에 자국도 포함되는 것에 동의할 가능성은 극히 희박하다. 만약 미국이 중국도 참여하는 새로운 조약 체결을 제안한다면, 중국은 이를 거부하거나 제한 및 폐기 대상에 MD 및 해상-수중-공중 발사 미사일도 포함되어야 한다고 역제안을 내놓을 것이다.[*] 미국이 이러한 역제안을 수용할 가능성도 극히 낮다.

그렇다고 중국에 뾰족한 수가 있는 것도 아니다. 오히려 INF 조약 파기가 현실화될 경우 중국은 가장 곤혹스러운 처지에 몰리게 될 것이다. 미국이 중국을 겨냥하는 미사일을 전진배치하면 중국은 공격용 무기 증강뿐만 아니라 자신도 MD를 구축해야 한다는 강한 압박감을 느끼게 될 것이다. 이렇게 되면 경제에도 주름살이 늘어나겠지만, 중국이 주창해온 '평화발전론'의 설자리는 더욱 좁아질 것이다. 한국 내 사드 배치와 같이 미국 주도의 MD를 반대할 명분도 약해질 수 있음은 물론이다.

[*] The New York Times, October 22, 2018.

## 한국에 다가올 위험은?

이러한 상황을 종합해보면, 이미 불붙은 미·중·러의 군비경쟁은 더욱 첨예해질 공산이 크다. 미국의 전략무기 신봉자들이 중국과 러시아가 새로운 조약을 거부한다는 이유로 이들 나라의 위협을 MD 전략에 명시할 가능성이 높아지고 있다는 점에서 더욱 그러하다. 전략핵무기감축협정(START)의 운명도 불안해지고 있다. 2021년 2월로 만료 시한이 다가오고 있는데 미러 간에 협상 시도 자체가 실종되었기 때문이다.

분단과 함께 시작된 한반도의 운명은 냉전과는 떼어놓고 생각할 수 없다. 그런데 2018년 들어 한반도의 탈냉전과 강대국들 사이의 냉전 부활이 교차하고 있다. 시간이 지날수록 한반도의 탈냉전 프로세스의 불확실성은 가중되고 있는 반면에, 강대국들 사이의 신냉전의 기운은 강해지고 있다.

INF 조약마저 사라지면 우리에겐 어떤 영향을 미치게 될까? 예단하기는 어렵지만, 매우 우려되는 상황은 미리 예측

해볼 수는 있다. 가령 이런 것이다. 미국이 이 조약에서 탈퇴해 사거리 500~5500km의 지상 발사 미사일을 만들어도 본토에 배치하면 무용지물이 되고 만다. 본토에서 러시아나 이란을 향해 쏘면 대서양에, 중국이나 북한을 향해서 쏘면 태평양에 떨어지고 말기 때문이다. 그래서 전진 배치가 불가피해진다.

그런데 앞서 언급한 것처럼 미국은 중국을 시야에 넣고 있다. 그렇다면 미국은 중국을 겨냥하는 미사일을 어디에 배치할 수 있을까? 먼저 미국 영토인 괌을 떠올릴 수 있다. 하지만 이것만으로는 부족하다. 분산 배치해야 효과를 극대화할 수 있다고 여길 것이기 때문이다. 그래서 미군기지가 있는 한국과 일본도 후보지로 떠올리게 될 것이다. 만약 이게 현실화된다면 중국과 러시아의 강력한 반발은 필연적으로 수반될 수밖에 없다.

미국이 한국에 미사일을 배치하려고 할 경우, 핵심적인 변수는 한반도 비핵화와 평화의 진전 수준에 있다. 평화가 진전될수록 미사일 배치는 여의치 않게 될 것이지만, 그 반대의 상황도 상정해볼 수 있다. 가령 이런 질문이다. '미국이 한국에 미사일을 배치할 수 있는 최적의 환경은 무엇일까?' 그것은 바로 북한의 위협, 특히 핵미사일 위협이 존재할 때가 될 것이다.

이러한 가정적인 미래가 현재에 품고 있는 함의는 결코 가상적인 것만은 아니다. 미국이 중국 봉쇄를 한반도 비핵화보다 상위의 전략적 목표로 삼고 한반도의 적당한 긴장과 대립이 중국을 봉쇄하는 데에도 유리하다고 여긴다면, 비핵화를 추구할 동기와 진정성도 약화될 수 있기 때문이다.

# 10. 어정쩡한 비핵화

    비핵화에는 다양한 수식어가 붙는다. 가장 일반적으로 통용되어온 표현은 '한반도 비핵화'이다. '북한의 비핵화'라는 표현도 곧잘 사용되는데, 여기에는 비핵화의 대상 및 주체는 주로 북한에 한정되어야 한다는 의미를 품고 있다. 북핵 문제와 함께 한반도 핵문제의 쌍벽을 이뤄왔던 미국 핵문제는 가급적 건들지 않으려고 하는 것이다.

    최근 가장 많이 사용되는 용어는 'CVID'와 'FFVD'이다. '완전하고 검증가능하며 돌이킬 수 없는 비핵화(Complete, Verifiable and Irreversible Denuclearization)'의 약어인 CVID는 2003년에 부시 행정부의 대외정책을 쥐락펴락했던 네오콘이 고안한 것이었다. 하지만 북한은 "일고의 가치도 없다"

며 일축했었다. CVID는 '패전국에게나 적용되는 표현'이고, 미국의 의도가 북한의 핵무기 프로그램뿐만 아니라 '평화적 핵 활동'까지 금지시키려고 하는 데에 있다고 봤기 때문이다.

이로 인해 2003년 8월에 시작된 6자회담은 2005년 9·19 공동성명 채택 이전까지 CVID를 둘러싼 북미간의 거친 말싸움으로 허송세월하고 말았다. 치열한 공방 끝에 9·11 공동성명에는 '완전한'과 '불가역적인'이 빠졌고 '검증 가능한 한반도 비핵화'만 담기게 되었다. 그 이후 CVID가 되살아난 시기는 이명박 정부 들어서부터다. 이후 한미 양국과 한미일 3자회담, 그리고 유엔 안보리의 대북 결의에 CVID가 북핵 해결의 목표라고 명시되었다.

6장에서 설명한 것처럼 FFVD는 '최종적이고 완전히 검증된 비핵화(final, fully verified denuclearization)'의 약어이다. 이 표현이 공개적으로 처음 등장한 시점은 2018년 7월 초였다. 당시 폼페이오는 북한을 방문하기에 앞서 "김정은 위원장이 FFVD를 약속했다"며, 이는 미국의 북핵 해결 원칙이라고 못 박았다. 이후 미국은 CVID와 FFVD를 혼용하다가 10월부터는 FFVD로 '단일화'해왔다.

이러한 배경에는 트럼프의 이란 핵협정 탈퇴가 주효하게 작용했다. 그는 이란 핵협정이 기껏해야 '한시적'으로밖에 이란의 핵무기 개발을 막을 수 있고 검증도 미진하다며 탈퇴를 강행했었다. 그리고 북한과의 합의는 이란 핵협정과는 달리 '최종적'이고 '완전히 검증되는' 방식으로 이뤄질 것이라고 장담해왔다. 그런데 6장에서 설명한 것처럼 이는 '미션 임파서블'에 가깝다.

그런데 CVID와 FFVD만 있는 것이 아니다. 남북한의 4·27 판문점 선언과 북미간의 6·12 공동성명에는 '완전한 비핵화'라고 명시되어 있다. 또한 남북한의 9·19 평양공동선언에는 '핵무기와 핵위협 없는 한반도'라고 적혀 있다.

이러한 다양한 표현이 품고 있는 문제는 크게 두 가지이다. 하나는 북핵의 폐기 대상과 범위를 어디까지 잡을 것인가, 즉 평화적 핵 이용은 어떻게 처리할 것인가의 문제이다.

또 하나는 미국의 대북 핵위협 문제는 어떻게 다룰 것인가
이다.


## 왜 비핵지대가 아니라 비핵화가 된 것일까?


1970년 핵확산금지조약(NPT)이 발효된 이후 통용되는
국제법적 용어는 '비핵지대(nuclear weapons free zone)'이다.
NPT 조약을 비롯한 각종 유엔 문서에서도 비핵지대가 일
반적인 용어로 사용되고 있다. 중남미, 남태평양, 동남아시
아, 아프리카, 중앙아시아 등 '지역'뿐만 아니라 몽골도 비핵
지대이다. 그런데 왜 한반도에서는 비핵지대가 아니라 '비핵
화(denuclearization)'라는 표현이 사용되어온 것일까? 이 질
문에 대한 답을 찾는 과정은 한반도 핵문제의 속성을 이해
하는 데에도 필요할 뿐만 아니라 북핵 문제 해법을 찾는 데
에도 도움이 된다.*

---

\* 이에 대한 자세한 내용은 〈핵과 인간〉, 311~313쪽 참조.

이른바 '북핵 문제'가 불거지기 시작한 1991년 여름에 있었던 일이다. 북핵 대처가 최대 현안으로 부상하자 한미 양국은 협의에 들어갔다. 노태우 정부에서는 김종휘 청와대 외교안보수석이, 아버지 부시 행정부에서는 폴 월포위츠 국방부 차관이 수석대표로 나서 8월 6~7일 하와이에서 협의를 가졌다. 해제된 미국의 비밀문서에 따르면, 이 자리에서 월포위츠는 "북한이 제안해온 비핵무기지대(비핵지대)는 북핵 문제의 해법이 될 수 없다"고 말했고 김종휘도 이에 동의했다. 그러면서 월포위츠는 '비핵화'를 제시했다.*

그렇다면 미국은 왜 비핵지대를 거부하고 비핵화를 제시한 것일까? 이는 당시 비핵국가이자 NPT 회원국이었던 남북한의 권리, 즉 우라늄 농축과 재처리는 금지하고 핵보유국인 미국의 의무는 최소화하기 위한 의도에서 비롯되었다고 할 수 있다. 미국은 북한의 핵개발은 물론이고 남한의 핵개발 가능성에도 촉각을 곤두세웠다. 제임스 베이커 국무

---

* Telegram, State Department to Tokyo, etc., August 13, 1991, Subject: U.S.-ROK Hawaii Meeting on North Korea (Secret), 1991-08-13. http://nsarchive.gwu.edu/dc.html?doc=4176666-Document-01-Telegram-State-Department-to-Tokyo

장관이 최호중 외교부 장관에게 친서를 보내, 미국이 북한의 핵개발을 기필코 저지할 때니 한국은 "자체적인 핵무기 개발"과 같은 "독자적인 행동에 나서지 말라"고 요구할 정도였다. 이에 최호중은 "한국이 독자적 행동을 취하지 않을 테니", 북한의 핵개발은 반드시 막아야 한다는 답장을 보냈다. 이 답장을 기안한 송민순 당시 외교부 안보국 과장은 미국이 북핵 문제 못지않게 "한국의 핵개발 가능성을 우려한다는 인상을 받았다"고 회고했다.*

이에 따라 미국은 남북한의 핵무기 개발 능력을 제거하면서도, 자국의 핵 정책에는 영향을 주지 않는 방안을 고안해냈다. 그것이 바로 비핵화였다. 실제로 한반도 비핵화 공동선언에는 미국을 비롯한 핵보유국의 의무 사항은 단 한마디도 언급되어 있지 않다. 한반도 핵문제의 핵심 당사자인 미국이 빠진 비핵화 선언은 애초부터 한계가 있을 수밖에 없었던 것이다. 반면 비핵지대 조약에서는 핵보유국에게 비핵국가에 대한 핵 불사용 약속과 지대 내 핵무기 배치 금

---

* 송민순, 빙하는 움직인다, (창비, 2016년) 29~31쪽.

지 등을 포괄한다. 이에 따라 미국이 '조선반도 비핵지대'에 동의하게 되면 한반도와 그 인근에서 누려왔던 특권적 권리에 상당한 제약이 가해질 터였다. 여기서 특권적 권리란 미국이 자신의 필요에 따라 핵 선제공격 옵션을 유지하고, 핵무기를 한국에 재배치하거나 일시적으로 경유하는 것 등을 의미한다.

미국이 북한에 공식적으로 소극적 안전보장, 즉 핵무기 사용 및 사용 위협을 하지 않겠다고 보장한 적은 두 번 있었다. 1994년 제네바 합의와 2005년 9·19 공동성명이 바로 그것들이다. 그런데 미국은 제네바 합의 이후에도 미국 본토에서 북한을 상정한 모의 핵공격 훈련을 실시했었다는 사실이 비밀문서를 통해 확인되었다. 또한 조지 W. 부시 행정부는 2001년 12월에 작성한 핵태세검토(NPR) 보고서에서 북한을 선제 핵공격 대상으로 삼았다. 그 다음 집권한 오바마 행정부도 2010년 NPR 보고서에서 핵선제 불사용 입장을 천명하면서도 북한과 이란이 NPT를 준수하지 않고 있다는 이유로 이들 나라는 '예외'라고 못 박았다. 트럼프 행정부 역시 마찬가지이다.

이를 통해 알 수 있듯이 길게는 한국전쟁 때부터, 짧게는 1990년대 이후에도 미국의 대북 핵위협은 계속되어왔다. 그럼에도 불구하고 '불일치'는 여전히 심하다. 북한의 비핵화에 대해서는 온갖 얘기가 넘쳐나지만, 미국의 대북 핵위협 해소 방안에 대해서는 거의 거론되지 않고 있기 때문이다. 하지만 비핵화는 하나의 수레바퀴로만 갈 수 있는 게 아니다. 미국의 대북 핵위협에 대해 눈 감을수록 북핵 해결의 전망도 흐릿해질 것이라는 점을 유념해야 한다.


## 보이지 않는 거대한 전쟁의 결말은?


오늘날 한반도에서는 한반도의 현상 유지를 선호하는 세력과 현상을 변경하려는 세력 사이에 보이지 않는 거대한 전쟁이 전개되고 있다. 거칠게 분류하자면, 전자에는 한국의 극우 보수 진영 및 미국과 일본의 주류가 포진하고 있다. 후자에는 문재인 정부와 김정은 정권, 그리고 '나비 효과'를 일으킨 한국의 촛불시민들이 자리 잡고 있다. 미국 정계의 '아웃사이더' 트럼프는 그 경계에서 정치적·금전적 이익을 극대화하려고 하고, 중국과 러시아는 아직 본 경기장에 들어서지 못했다. 이 와중에 트럼프는 미소 띤 얼굴로 북한의 멱살을 더 조이고 있고, 김정은은 "트럼프만은 믿는다"면서도 자신의 선택에 대해 숙고를 거듭하고 있다. 문재인 대통령은 혼신의 힘을 다하고 있지만, 국내외의 여건이 녹록치 않은 현실에 봉착해 있다.

그렇다면 보이지 않는 전쟁의 결말은 무엇일까? 트럼프의 1기 임기가 끝나는 2021년 1월 때까지를 예상해본다면, '어정쩡한 비핵화'가 유력한 결말이지 않을까 한다. 어정쩡한 비핵화는 '완전한 비핵화'에 대한 공약은 아슬아슬하게 유지되면서도 이행은 지지부진한 상황을 의미한다. 그리고 그 스펙트럼은 다양한 형태를 띠게 될 것이다. 협상은 '가다 서다'를 반복할 것이고, 지지부진한 상황을 둘러싼 국내외의 공방도 거세질 것이다. 쌍중단, 즉 한미군사훈련 중단과 북한의 핵실험 및 탄도미사일 시험발사 유예도 아슬아슬하게 유지되거나 재개의 문턱을 서성이게 될 것이다. 영변 핵시설의 폐기 등 작지 않은 진전이 있을 수는 있지만, 비핵화의 관건인 핵무기 및 핵물질 폐기는 달성되지 못할 가능성이 크다.

이렇게 전망하는 데에는 미국 측 요인에 대한 필자의 나름대로의 분석이 크게 작용하고 있다. 이에 대해서는 앞선 장들에서 자세히 설명하고 주장한 바 있다. 요지는 이런 것이다. 트럼프는 북한을 상대로 사실상의 완승을 추구하면서 이게 가능하다고 믿고 있는 듯하다. 그런데 이러한 트럼프의 과욕은 한반도의 현상 변경과 북한과의 대타협에 거부감을 갖고 있는 사람들에겐 좋은 먹잇감이 되고 있다. 이들은 '최대의 압박'에 북한이 굴복할 가능성이 거의 없다는 점을 알면서도, 이게 가능하다고 트럼프를 꼬드기고 있는 형국으로 보이기 때문이다.

어정쩡한 비핵화는 곧 북한이 여전히 핵무기를 갖고 있는 상황을 의미하기도 한다. 이는 곧 한반도 정전체제도 거의 그대로 유지되고 있을 가능성으로 이어진다. 이뿐만이 아니다. 미국의 강한 견제 속에서 남북관계도 답보 상태에서 크게 벗어나지 못하게 될 것이다. 한국의 정치·경제·사회에도 미치는 영향이 만만치 않을 것이다. 문재인 정부가 그토록 자신한 비핵화와 평화체제 실현이 지지부진해질수록 문재인 정부에 대한 극우·보수 진영의 공세도 격화되고 국민들의 지지율도 떨어지는 결과가 도래할 것이다. 한국 경제의 새로운 발전 동력을 남북경협과 이를 통한 유라시아 대륙으로의 진출에서 찾겠다는 구상도 장밋빛 수사와 냉혹한 현실 사이에 갇히게 될 것이다.

# 11. 그래도 '신의 한 수'는 있었다

앞선 글들에서 불길한 예감과 그 구체적이고도 구조적인 이유들을 열거해봤다. 그렇다면 한반도 평화는 또다시 물거품이 되고 우리의 운명은 냉전과 열전의 사이에 갇히게 되는 것일까? 이렇게 될 가능성도 완전히 배제할 수는 없겠지만, 희망의 근거는 있다. 우선 김정은이나 트럼프가 판 자체를 깨기는 쉽지 않을 것이다. 또다시 2017년과 같은 파국으로 회귀하는 것은 자신의 선택이 잘못되었다는 것을 자인하는 것이나 마찬가지이고, 이는 엄청난 부담으로 이어질 것이기 때문이다. 낙관과 비관 모두를 경계해야 할 까닭이다.

손에 잡히는 희망의 근거는 또 있다. 4·27 판문점 선언에서 씨를 뿌리고 9·19 평양공동선언을 통해 수확에 성공한

'군사 분야 합의'가 바로 그것이다. 국내 극우보수 진영에선 이를 두고 "무장 해제"니 "신체 각서 포기"니 하면서 험담을 쏟아내고 있지만, 이는 근거 없는 정치 공세에 불과하다. 오히려 군사 분야 합의는 '신의 한 수'라고 해도 과언이 아니다.


## 핵 시대의 역설

국제정치이론에 '안정과 불안정의 역설(Stability-Instability Paradox)'이라는 것이 있다. "핵무기가 핵전쟁을 비롯한 전면전의 가능성은 줄이는 대신에 국지전과 같은 저강도 분쟁의 가능성은 높인다"는 것이다. 이 이론은 일반적으로 적대적인 핵보유국들 관계에 적용되지만, 핵보유국과 비핵국가 사이에서도 확대 적용될 수 있다.

핵보유국 사이의 '안정과 불안정의 역설'로 거론되는 대표적인 사례는 인도와 파키스탄의 1999년 카르길 전쟁(Kargil War)이다. 무력 충돌은 1999년 5월 파키스탄군이 인도의 영토인 카르길을 공격하면서 시작됐다. 이전에도 두 나라 사이의 분쟁은 끊이지 않았지만, 양국 모두 핵무기를 보유한 이후 무력 충돌은 이때가 처음이었다. 이처럼 파키스탄이 선제공격을 개시할 수 있었던 데에는 핵무장에 따른 자신감이 깔려 있었다는 분석이 유력했다. 실제로 자칫 핵전쟁으로 비화될 것을 우려한 인도는 확전을 자제했다. 이에 따라 카르길 전쟁은 확전으로 치닫지 않았고 전쟁 발생 두 달 만에 평화협상을 통해 종결됐다. 여러 국제정치 학자들이 카르길 전쟁을 '안정과 불안정의 역설'이 적용된 대표적인 사례로 일컫는 까닭이다.

그렇다면 한반도는 어떨까? 우선 한반도의 군사안보 환경은 비대칭성과 대칭성이 복잡하게 얽혀 있다. 핵무장 자체를 놓고 볼 때에는 북한과 미국 사이에는 대칭적이고, 남북한 사이에는 비대칭적이다. 핵전력의 수준을 놓고 볼 때에는 미국이 북한을 압도하고 있고, 재래식 군사력 수준에서도 미국은 물론이고 남한도 북한보다 우세하다. 더구나 한미 양국은 연합방위체제를 구축해놓고 있다. '안전-불안전의 역설'을 단순 적용하기 힘든 까닭이다.

북한이 최초의 핵실험을 한 2006년 10월 이후 남북한의 국지적 무력충돌은 여러 차례 있었다. 2009년 3차 서해 교전, 2010년 연평도 포격전, 2014년 비무장 지대에서의 총격전 등이 바로 그것들이다. 이외에도 2010년 천안함 침몰과 2015년 목함 지뢰 사건, 그리고 두 차례에 걸친 무인기 사건과 여러 차례에 걸친 사이버 공격 등도 있었다. 이들 사건을 두고 남한 당국은 북한의 의도적인 도발로 규정했지만, 북한은 강하게 부인해왔다.

주목할 점은 이들 사건에 대한 해석이었다. 북한의 국지 도발이나 그렇게 간주된 사건이 발생할 때마다 "북한이 핵의 위력을 믿고, 그래서 한미동맹이 강력히 응징하지 못할 것이라고 여기고는 도발을 일삼고 있다"는 주장이 맹위를 떨친 것이다. 이러한 해석은 이명박-박근혜 정부의 공격적인 군사 태세로 이어졌다.

'능동적 억제' 혹은 '적극적 억제'라는 군사 전략을 채택하고는 △교전규칙에 얽매이지 않는 신속하고도 강력한 대응 △선 조치, 후 보고 △도발 원점과 함께 지원부대에 대한 타격 등의 방침을 밝혔다. 당시 국방부의 논리는 이런 것이었다. "적의 도발의지를 사전에 억제하고 실제 적 도발 시 이를 격퇴하고 응징·보복할 수 있는 능력을 구비하면, 북한이 감히 어떠한 도발도 할 마음을 갖지 못하게 하므로 전쟁이 오히려 억제된다."

　이러한 군사 전략의 위험성이 드러나는 데에는 얼마 걸리지 않았다. 북한의 연평도 포격 5일 후인 2010년 11월 28일에 남한군이 북한을 향해 포탄을 오발하는 어이없는 사고가 발생했다. 문산에서 훈련 중이던 포병이 실제 상황으로 착각해 155mm 포탄 1발을 발사한 것이다. 다행히 포탄은 군사분계선 수백여m 이남에 떨어져 인명 피해는 없었다. 만약 군사분계선을 넘어갔거나 한국군 GP에 떨어졌다면 남북 간 무력 충돌이나 아군의 피해로 이어질 뻔한 아찔한 순간이었다. 2011년 6월 17일 새벽에는 남한 해병대원이 민항기를 적기로 오인해서 사격하는 사건이 발생했다. 또한 같은 해 9월 21일에는 북방한계선(NLL)을 월선해온 북한의 민간어선들을 향해 남한 해군이 경고사격을 가해 퇴각시킨 일도 있었다. 이러한 일들은 남한이 '선 조치, 후 보고'를 골자로 하는 군사 전략을 채택한 이후 발생한 사건들이다.


## 남북 군사 합의가 '신의 한 수'인 까닭


2018년 9월 18~20일 평양에서 열린 남북정상회담은 숱한 명장면을 연출했다. 아마도 많은 사람들은 최고의 명장면으로 두 정상이 수행원들과 백두산 천지의 쾌청한 하늘 아래에서 담소를 나누고 사진을 찍은 장면, 문재인 대통령이 15만 명의 평양 시민들이 꽉 들어찬 능라도 경기장에서 연설한 장면을 뽑을 것이다. 이에 못지않은 장면도 있었다. 두 정상이 남북한의 국방책임자들을 '군사 분야 이행 합의서'에 서명하는 장면을 뒤에서 흐뭇한 표정으로 바라보는 장면이 바로 그것이었다.


내가 이를 가리켜 '신의 한 수'라고 부르는 까닭이 있다. 먼저 남북한이 '선군(先軍) 협력'을 통해 남북관계의 패러다임을 바꿨다는 점이다. 패러다임 전환의 의미는 문재인 정부도 계승·발전시키고 있는 햇볕정책의 과거 기조와 비교해보면 명확히 드러난다. 햇볕정책의 핵심 기조는 선경후정(先經後政, 경제협력을 먼저 추진해 정치군사 문제의 해결도 도모함)과 선이후난((先易後難, 쉬운 것은 먼저 진행하고 어려운 것을 나중에 함)이었다. 그런데 이번에는 가장 까다로운 문제로 여겨졌던, 그래서 이전까지는 후순위로 여겨졌던 군사 문제 해결을 먼저 시도했다. 선정후경(先政後經)으로 전환된 셈이다.

이는 현명하면서도 불가피한 선택이었다. 불가피했던 이유는 촘촘하고 강력하게 짜여진 유엔 및 미국의 대북 제재에서 유래한다. 제제 국면에서 남북한이 본격적인 경제협력을 추진하기란 어려운 일이다. 반면 군사 분야는 남북한이 자율성을 확보할 수 있는 공간이었다. 남북한 정상들은 이러한 현실을 직시하고는 평양공동선언의 1조를 군사 문제 해결로 두면서 '군사 분야 이행 합의서'를 공동선언의 부속 합의서로 채택한 것이다.

둘째, 두 가지의 도그마를 극복하고 있다는 점이다. 하나는 '군비통제 도그마'이다. 이전까지는 정치적 신뢰구축 →

군사적 신뢰구축 → 군비통제가 마치 군사 문제 해결의 교과서처럼 간주되었었다. 하지만 이번에는 정치적 신뢰구축과 군사적 신뢰구축, 그리고 운용적 군비통제가 동시에 진행되고 있다. 또 하나는 '선 비핵화 도그마'이다. 남북한의 군비통제는 비핵화 이후에나 가능하다는 것이 이명박-박근혜 정부의 입장이었다. 하지만 이번에는 북한이 '완전한 비핵화'를 선언적으로 다짐한 상태에서, 그러나 비핵화 초기단계에 군사 문제 해결을 도모하고 있다. 이는 적어도 남북한 사이에서 부전(不戰)의 맹세와 불가침 약속을 군사적으로 뒷받침함으로써 비핵화와 평화체제 실현에 우호적인 환경을 만들겠다는 의미를 담고 있다.

셋째, 앞서 설명한 '안정과 불안정의 역설'을 해결하겠다는 취지를 품고 있다. 비핵화와 평화체제 구축에는 적지 않은 시간이 필요하고, 또한 기대만큼 진전되지 않을 수도 있다. 심지어 또다시 무산될 수도 있다. 이러한 상황에서 북한의 국지 도발이나 남북한의 무력 충돌이 발생하면 어떻게 될까? '북한이 핵의 위력을 믿고 도발한 것'이라는 주장이 판을 칠 것이고 강력히 응징해야 한다는 주장도 강해질 수밖에 없다. 자칫 우발적 충돌이 확전으로, 확전이 핵전쟁을 포함한 전면전으로 이어질 가능성도 배제할 수 없는 것이다.

남북한 군사 합의와 이행의 역사적이고도 미래 지향적인 의미는 바로 이 지점에서 찾을 수 있다. 관계가 좋아졌다가도 군사 충돌이 발생하면 그 관계는 언제든 싸늘하게 식어버릴 수 있다. 관계가 나빠졌을 때에는 말싸움이 작은 싸움으로 이어지고 그 싸움이 큰 싸움으로 번질 수도 있다. 메마른 산에 떨어진 담배꽁초 하나가 큰 산불로 이어지는 것처럼 말이다. 군사적인 합의와 이행은 이런 일이 없도록 하자는 것이다. 합의의 구체적인 내용도 이러한 분석을 뒷받침해준다.

4·27 판문점 선언에 따라 남북 양측은 확성기와 유인물 살포 등을 통한 상호 비방을 중단키로 했다. 물리적 충돌을 낳곤 했던 서로 욕하고 헐뜯기를 하지 말자는 것이다. 평양 공동선언과 그 부속합의서에는 보다 구체적인 내용이 담겼다. 판문점의 공동경비구역(JSA)은 '도끼 만행 사건'을 비롯해 여러 차례의 무력 충돌이 벌어졌던 장소였다. 그런데 이

곳을 완전한 비무장 지대를 만들어 민간에게도 개방하기로 했다. "군사분계선 일대에서 상대방을 겨냥한 각종 군사연습을 중지하고" "비무장지대의 GP를 폐기"하기로 함으로써 지상에서의 무력 충돌 가능성도 확연히 낮아졌다. '한반도의 화약고'로 불렸던 NLL 일대에는 해상 포격 훈련 및 기동 훈련을 금지하는 '완충지대'를 설치하기로 했다.

"군사분계선 상공에서 모든 기종들의 비행금지구역 설정"이 갖는 의의는 2017년 8월에 있었던 미국의 위협 비행 사례를 떠올려보면 알 수 있다. 당시 북미 간의 말폭탄 쏟아내기로 군사적 긴장이 고조되던 때에 괌에서 출격한 전략 폭격기가 비무장지대를 가로질러 동해의 북한 영공 인근까지 비행했다. 미국은 북한 레이더가 이를 탐지해 군사적 대응에 나설 가능성에 대비해 전자전기도 동행시켰다. 그런데 북한의 레이더가 이를 탐지하지 못했다. 노후한 레이더 덕분에 일촉즉발의 위기를 피할 수 있었던 셈이다.

'우발적인 무력충돌' 방지를 위한 교전수칙의 공동 적용도 매우 뜻깊은 합의이다. 과거 여러 차례의 교전을 거치면서 남북한 모두는 공격적으로 교전수칙을 바꿨었다. 악순환을 거듭했던 서해에서의 교전 사태들은 그 산물이기도 했다. 하지만 이번에는 공동의 교전규칙을 통해 우발적 충돌과 확전을 방지키로 했다.

군사적으로 대치한 상황에선 '상대방을 불안하게 만들어야 내가 안전해질 수 있다'고 믿기 십상이다. 하지만 총성 한 방 울리지 않고 냉전을 종식시킨 주역인 미하엘 고르바초프 전 소련 공산당 서기장은 전세계를 향해 이렇게 호소했다. "상대방이 안전하다고 느낄 수 있어야 나도 안전해질 수 있습니다."

# 12. 최후의 담판

앞선 글들에서는 비핵화가 최후를 맞이할 가능성이 높은 이유를 하나둘씩 짚어봤다. 하지만 나는 '정치외교는 가능성의 예술'이라는 말을 좋아하고 또한 믿는다. "운명은 정해진 것이 아니라 만들어가는 것"이라는 말도 마찬가지이다.

기실 비핵화를 이룰 수 있는 가장 확실한 방법은 비핵화만 이루는 것은 불가능하다는 점을 깨닫는 데에 있다. 이러한 맥락에서 볼 때 가장 교과서적인 해법은 판문점 선언과 평양공동선언, 특히 북미공동성명에 담긴 내용을 하나둘씩 이행하는 데에 있다. 이렇게 하면 북핵이라는 독버섯이 자라왔던 독성이 강한 토양을 평화의 흙으로 바꿀 수 있게 되고 독버섯도 자연스럽게 없앨 수 있다. 하지만 단계적 해법이 결코 녹록치 않은 현실이다.

이에 따라 기존의 외교 문법을 넘어선 파격적인 해법이 요구된다. 2018년 남북대화와 북미대화가 톱다운 방식으로 이뤄졌던 만큼 문제 해결 방식도 과감하고 대담해져야 한다. 그래야만 단계적 해법이 품고 있는 지체와 역주행의 위험성을 최소화할 수 있다. 딴 생각과 딴 변수와 딴 인물이 끼어들 여지도 크게 좁힐 수 있다. 무엇보다도 담대한 합의의 이행을 통해 마련되는 새로운 이익과 확고한 신뢰가 기존의 관성과 편협한 이익을 이겨낼 수 있게 된다.

새로운 해법의 골자는 단계적 해법에서 마지막 단계로 상정된 핵무기와 핵물질의 폐기를 최대한 앞당기는 데에 있다. 그리고 이에 걸맞게 비핵화에 대한 상응조치들도 조속히 이행하는 방법을 찾아야 한다. 이렇게 해야만 한반도 비핵·평화의 열차에 올라탔다가 속도가 느려지자 내릴까 말까 망설이고 있는 김정은과 트럼프가 계속 손을 잡고 목적지로 향하게 하는 데에 도움이 된다.

또한 파격적인 해법은 '북한은 절대로 핵무기를 포기하지 않을 것'이라고 철석같이 믿고 있는 회의론자들의 입을 떡 벌어지게 만들고는 이들의 입을 다물게 수 있다. 회의론자들은 크게 두 가지 부류가 있다. 우선 냉철한 현실주의자들이다. 이들은 정글과도 같은 국제정치 현실에서 북한이 생존을 도모할 수 있는 유력한 방법은 강력한 억제력, 즉 핵무장밖에 없다고 믿는다. 그래서 이들 가운데 일부는 북한의 핵무장을 현실로 인정하고 평화적으로 공존할 수 있는 방법을 찾아야 한다고 충고한다. 이게 '가능한 최선'이라고 하지만 문제는 가능하지 않기 때문에 최선이 될 수 없다는 데에 있다.

또 하나의 부류는 한반도의 현상 유지, 혹은 북한 정권교체 후 한미동맹 주도로 통일을 달성해 미국에 유리한 지정학을 만들어야 한다고 생각하는 사람들이다. 이들은 협상을 통한 비핵화는 망상에 가깝다며 강력한 한미, 혹은 한미일 삼각동맹 구축을 통해 대북 억제력을 강화해야 한다고 주장한다. 또한 대북 제재를 강화해 북한이 핵과 미사일 능력을 향상시킬 수 있는 경제적 기반을 무너뜨려야 한다고 주문한다. 북한 정권과 비핵화는 양립할 수 없다며, 한미동 맹 주도의 통일만이 비핵화의 길이라고 주장하는 사람들도 더러 있다.

어떤 동기와 사유가 되었든 '비핵화 회의론자들'은 북한 의 '미국의 적대시 정책 철회 회의론자'들과 다양한 케미를 일으키게 된다. 격렬한 대립 관계를 형성하기도 하지만 '적 대적 공생 관계'가 만들어질 수도 있다. 이건 지난 역사에서 숱하게 봐왔던 바이다.

**톱다운 방식의 해법이란?**

비유하자면 지금까지의 해법은 주로 한 걸음씩 내딛으면 서 산 정상에 오르는 것이었다. 길고도 힘든 여정 속에서 마 음이 바뀌기도 했고 동반자가 바뀌기도 했다. 중간에 등산 로를 놓고 다투는 일도 다반사였다. 체력이 떨어졌다며 등 산을 포기한 경우도 있었고 '너 먼저 올라가면 내가 따라가 겠다'며 동행을 포기한 적도 있었다. 이게 지난 25년간의 역사였고 이렇게 될 가능성은 현재에도 앞으로도 얼마든지 있다.

톱다운 방식은 말 그대로 산 정상에 먼저 내려 하산을 하자는 취지를 담고 있다. 즉 정상 정복에 비유될 수 있는 북한의 핵무기 및 핵물질 폐기와 이에 걸맞은 상응조치에 먼저 합의하고 이행하면서 그 밖의 문제들을 풀어가는 방식을 강구해보자는 것이다.

어떤 방식이 이에 해당될까? 가장 유력한 방식은 북한의 조속한 핵확산금지조약(NPT) 복귀 공약과 더불어 핵무기와 핵물질을 러시아로 이전해 폐기하는 것이라고 할 수 있다. 이렇게 하면 북한의 핵무기와 핵물질이 러시아 국경으로 넘어갔을 때 사실상의 비핵화도 완료되었다고 합의할 수 있게 된다. 또한 바로 이 시기에 핵심적인 상응조치, 즉 대북 제재 해제와 평화협정 체결, 북미관계 정상화를 행동 대 행동 차원에서 맞교환할 수 있는 대타협도 현실화할 수 있다. 러시아에 핵무기와 핵물질을 넘겨준 북한은 사실상의 비핵 국가가 되는 셈이고 이를 넘겨받은 러시아는 이러한 상응조치들의 이행과 조율해 폐기에 돌입할 수 있기 때문이다.

이러한 접근법은 네 가지 측면에서 그 현실가능성도 타진해볼 수 있다. 첫째는 유사한 전례가 있다는 점이다. 1991년 12월 소련 해체 후 하루아침에 세계 3, 4, 5위의 핵보유국이 된 우크라이나, 카자흐스탄, 벨라루스의 사례가 바로 그것이다. 4000여 개의 핵무기를 보유했던 우크라이나는 1994년에 NPT에 가입했고, 1996년까지 모든 핵탄두를 러시아로 이전·폐기했다. 1400여개의 핵탄두를 보유했던 카자흐스탄 역시 1994년에 NPT에 가입한 데 이어 핵무기의 러시아로의 이전·폐기는 1995년에 완료됐다. 800여개의 핵무기를 갖고 있었던 벨라루스의 NPT 가입 및 핵폐기 완료도 각각 1993년과 1996년에 이뤄졌다. 이처럼 상당량의 핵무기를 갖고 있었던 이들 3개국의 핵폐기가 빠른 시일 내에 완료된 데에는 미국과 러시아의 협력적 위협감소(CTR) 프로그램에 따라 러시아로의 이전 방식을 택한 것이 주효했다고 할 수 있다.

둘째는 트럼프가 이 방식에 흥미를 느낀 적이 있다는

것이다. '다른 수단에 의한 안보 실현'으로 각광받았다가 2000년대 후반부터 존재감이 약해진 CTR이 다시 주목을 받게 된 계기는 사상 최초의 북미정상회담 합의에 있었다. 이 소식을 접한 샘 넌과 리처드 루가 전 상원의원들은 언론 기고문을 통해 2012년 이후 중단된 미러 간의 CTR 협력을 재구축하는데 있어서 "북한은 좋은 출발점이 될 수 있다"고 주장했다.* 이들은 다름 아닌 CTR의 두 주역이었다. 그러자 6월 초에 트럼프와 마이크 펜스 부통령이 이들에게 CTR 프로그램을 북한에 적용하는 방안에 대해 설명해줄 것을 요청해 의견을 청취했다.** CTR은 트럼프 행정부가 북핵 폐기 방식으로 원하는 '국외 반출'과 핵시설의 폐기와 전환, 그리고 핵 과학자 및 기술자의 직업 전환과 같은 불가역적인 비핵화에 부합하는 내용들이 담겨 있다. 넌과 루가는 7월 초 〈NPR〉 방송에 출연해 "트럼프에게 이러한 내용을 설명했고 트럼프도 흥미를 갖고 많은 질문을 했다"고 밝히기도 했다.***

---

* Sam Nunn and Richard Lugar, What to do if the talks with North Korea succeed, The Washington Post, April 23, 2018.

** Bloomberg, June 6, 2018.

*** https://www.npr.org/2018/06/07/617799786/ex-senators-nunn-and-lugar-on-disarming-north-korea

공교롭게도 넌과 루가로부터 CTR 과외 공부를 받은 트럼프는 그 직후에 푸틴을 만나고 싶다는 의사를 피력했다. 그리고 7월 중순에 열린 미러정상회담 직후 열린 기자회견에서 푸틴은 "트럼프가 대결보다는 대화를 선택해 한반도 문제가 해결되기 시작한 점을 기쁘게 생각한다"며, "러시아도 적극 협력할 것"이라고 말했다. 이에 대해 트럼프는 "푸틴과 러시아가 북핵 문제 해결을 강력히 원하고 있고 미국과 협력하기를 원하고 있다고 확신하게 되었다"며, 푸틴의 협력 약속에 사의를 표했다. 두 정상이 한반도 문제 해결을 위해 구체적으로 어떤 논의를 했는지는 알려지지 않고 있다. 다만 전후 사정을 종합해보면 CTR을 북한에 적용하는 방안이 논의되었을 가능성이 높다.

하지만 미러관계가 그 이후 악화되고 북미 간의 협상 동력도 떨어지면서 이 방안은 공론화되지 못했었다. 특히 미러 정상회담에 앞서 트럼프는 폼페이오를 평양에 보내 북한 핵탄두 60~70%의 국외 반출을 제안했다. 하지만 북한은 정전협정 체결 65주년을 맞이해 종전선언을 할 것을 요구했고, 이를 거절당하자 미국의 제안도 일축하고 말았다. 당시 무산된 제안이 앞으로는 유효할 수 있을지는 불확실하다. 하지만 트럼프 행정부에겐 분명 매력적인 방안인 것만은 틀림없어 보인다.

셋째는 CTR은 미국 내에서 초당적인 협력의 전통을 갖고 있고 북핵 해법의 모델로 오래 전부터 거론되어왔다는 점이다. 미국 내에서 정파적 갈등이 격화되고 야당인 민주당이 하원 다수당이 되면서 한반도 문제에 미칠 영향에도 큰 관심이 모아지고 있다. 또한 비핵화가 실제로 착수될 경우 비용이 발생할 수밖에 없는데, 그 비용을 누가 부담할 것인가도 갈등 요인이 될 수 있다. 그런데 1991년 민주당 소속의 넌과 공화당의 루가가 주도한 CTR은 강력한 초당적 합의와 협력의 역사를 갖고 있다. 또한 2005~2007년에는 이 프로그램을 북한에 적용하는 방안에 대해 민주당계 싱크탱크와 의회에서 폭넓게 논의되기도 했었다. 이러한 점에 비춰 볼 때, CTR은 대북정책을 둘러싼 정파 간의 갈등을 줄이면서 초당적인 협력과 필요한 기금 마련을 도모할 수 있는 유력한 방안이라고 할 수 있다.

넷째는 러시아가 풍부한 노하우와 장비도 갖고 있고 북한과의 협력도 용이하다는 것이다. 러시아는 앞서 언급한 세 나라들뿐만 아니라 자국의 핵무기를 포함해 핵무기를 폐기한 경험이 가장 많은 나라이다. 이 과정에서 미국은 CTR을 통해 재정 지원과 기술 협력에 나선 바 있다. 또한 러시아는 북한과 국경을 접하고 있고 우호관계에 있다. 아울러 러시아에는 핵탄두 및 이를 장착한 미사일을 안전하게 운송할 수 있는 특수 차량과 열차 등 특수 장비들이 있고 북한과 러시아는 철도와 도로로 연결되어 있다. 신속하고도 안전하게 운송할 수 있는 인프라와 장비는 이미 갖춰진 셈이다.

또한 이러한 방식은 지그프리드 헤커 박사의 문제제기에 대한 대안을 내포하고 있다. 핵무기도 만들어보고 폐기도 해봤던 헤커는 "핵탄두 해체는 이걸 만든 사람들이 직접 해야 한다"며 존 볼턴이 말한 미국으로의 북핵 반출·폐기 주장은 '순진한 발상'이라고 비판한 바 있다.* 러시아로의 반

---

* The New York Times, May 17, 2018.

출이 유력한 대안이 될 수 있다는 주장은 이와도 연관된다. 북핵을 러시아로 반출하면서 북한의 핵과학자들과 기술자들도 함께 보내면 되기 때문이다.

그렇다면 북한은 이러한 방식에 동의할까? 핵심적인 요구가 충족되면 충분히 가능할 것이다. 즉, 핵무기와 핵물질의 러시아로의 반출은 되었지만 폐기가 완료되지 않은 상태에서 평화협정 체결 및 대북 제재의 실질적인 해제, 그리고 북미관계 정상화와 관련된 중대한 조치 등을 상응조치들로 제시하면 북한에게도 결코 불리한 게임은 아니다. 특히 김정은 정권이 빠른 문제 해결을 선호하고 있다는 점에서 충분히 협상해볼 가치는 있을 것이다.

## 누가 주도하고 검증은 어쩌나?

'구슬이 서 말이라도 꿰어야 보물이다.' 상기한 해법이 추진해볼 만하다면 그 주체가 있어야 한다. 북미 간의 양자 협상을 통해 이러한 대타협에 도달할 수도 있지만 가능성은 낮다. 이 해법에서 중요한 행위자로 등장하는 러시아가 앞장서는 것도 쉽지는 않다. 아직까진 협상 당사국이 아닐 뿐만 아니라 미국이 '수정주의 세력'이라고 규정한 러시아가 먼저 나서면 미국이 탐탁지 않게 여길 수 있기 때문이다.* 중국의 경우에도 마찬가지라고 할 수 있다.

그래서 한국이 주창국으로 나서야 한다. 한국은 북한과 미국은 물론이고 중국과 러시아와도 비교적 탄탄한 신뢰관계를 갖고 있다. 그래서 본 해법의 제안국으로 나서도 불필요한 의심을 받지 않을 수 있는 위치에 있다. 문재인 정부가 치밀한 검토와 준비를 거쳐 관련국들과의 협의에 나서주기를 바라는 까닭이다.

눈 밝은 독자는 이 해법을 접하면서 '그럼 검증은?'이라는 의문을 떠올리게 될 것이다. 핵무기와 핵물질을 러시아로 이전 폐기하려면 정확한 분량을 먼저 확인해야 한다고

---

* 가령 미국 내 일각에선 러시아가 북한의 핵개발을 지원한 것을 감추기 위해 이러한 방안을 제시한 것이라는 의혹을 제기할 수 있다. 이에 따라 러시아에서 폐기가 진행되더라도 미국 측 전문가의 참여는 필수적이다. 또한 이러한 방식으로의 미러 협력은 신냉전이라는 말이 나돌고 있는 현실을 개선하는 데에도 도움이 될 것이다.

여길 수 있기 때문이다. 그리고 북한이 신고를 하면 미국은 믿지 않을 것이고 그래서 다툼이 벌어질 것이라는 점은 앞선 글들에서 언급한 바 있다. 그렇다면 본 해법도 문제가 있는 건 마찬가지 아니냐는 반문이 생길 수 있다.

하지만 본 해법은 검증 문제도 염두에 둔 것이다. 먼저 이전 및 폐기 대상을 핵무기와 더불어 핵물질도 포함시킴으로써 북한의 신고량과 미국의 추정치 사이의 '불일치'를 최소화하려고 했다. 가령 이런 것이다. 미국은 북한의 핵무기 보유량을 65개로 추산한 반면에 북한은 30개라고 신고했다고 치자. 이렇게만 되면 큰 다툼이 벌어질 것이다. 그런데 북한이 플루토늄과 농축 우라늄, 그리고 수소폭탄 제조용 물질의 분량도 함께 신고하면 둘 사이의 불일치는 거의 없어지거나 크게 줄일 수 있다. 미국이 65개라고 추정한 근거는 북한이 핵물질의 거의 전부 무기화했을 것이라는 가정에 기초한 것이다. 이에 따라 핵물질의 양을 알게 되면 무기화한 것과 아직 무기화되지 않은 것을 합산해서 다시 계산할 수 있게 된다.

물론 이렇게 한다고 모든 문제가 말끔히 해결되는 것은 아니다. 플루토늄 문제는 해결 가능하다고 하더라도 우라늄 농축 문제는 난제 중에 난제이기 때문이다. 미국은 북한이 비밀 시설을 보유하고 있다고 강하게 의심해왔는데 단기적으로 그 투명성을 100% 확보할 수 있는 방법은 마땅치 않다. 이에 따라 고강도 사찰이 불가피해진다. 바로 이러한 이유 때문에 본 해법의 현실적 유용성이 있다. 핵무기와 핵물질 이전 시 평화협정을 체결하고 대북 제재를 해제하면 북한이 미신고 의심 시설에 대한 사찰을 거부할 근거가 없어지기 때문이다. 이점을 미리 합의문에 명시한다면 미래의 갈등을 예방할 수 있다.

# 13. 비핵화 실현을 위한 합의문

　12장에서 주장한 내용을 보다 체계적이고 명쾌하게 보여주기 위해 가상의 합의문을 써봤다. 합의문은 문재인-김정은-트럼프 3자 정상회담을 통해 채택되는 방식을 상정했다. 지금까지는 남북, 한미, 북미와 같은 양자 회담 방식이었고 특히 북미협상이 중심이었다. 하지만 이러한 방식은 불확실성과 위험이 대단히 크다. 그래서 최소한 남북미 3자 협상 구도로 확대하는 것이 바람직하다. 꼭 이렇게 되었으면 하는 바람이지만 문재인 정부와의 긴밀한 협의를 전제로 김정은과 트럼프 양자 정상회담의 결과물로 나와도 괜찮을 것이다.

## 북미관계 수립 및 한반도 평화체제와
## 비핵화 실현을 위한 합의문

1. 세 정상들은 한반도의 완전한 비핵화를 조속히 실현하기 위해 다음과 같이 합의했다.

  - 신속하고도 완전하며 불가역적으로 북한의 모든 핵무기와 핵물질을 폐기하는 방법은 러시아로의 이전 폐기라는 점에 합의하였다. 러시아도 이에 동의했다는 점을 확인하면서 남북미 3자는 7일 이내에 러시아와 구체적인 협의에 착수하기로 하였다.
  - 북한은 30일 이내에 모든 핵무기와 핵물질을 포함한 완전하고 정확한 핵 신고서를 제출하기로 하였다.
  - 3자와 러시아는 북한의 신고에 의거해 모든 핵무기와 핵물질을 러시아로 반출하기 위한 준비에 착수하기로 하였다. 트럼프 대통령은 이를 위한 기술적·재정적 지원을 제공하기 위해 CTR 프로그램의 재구축을 미국 의회에 요청하기로 하였다.
  - 북한의 모든 핵무기와 핵물질의 러시아로 이전은 평

화협정 체결 및 유엔 안보리의 제재 해제, 그리고 북미간의 새로운 관계 수립을 위한 실질적인 조치를 취할 준비가 완료되었을 때 개시하고 이들 상응조치가 완료되는 즉시 폐기에 돌입하기로 하였다.

- 남북미 3자는 영변 핵시설의 영구적인 폐기 대상과 방식을 논의하기 위한 실무회의를 7일 이내에 개시하기로 하였다. 또한 북한은 영변 이외의 의심 시설에 대한 한미 양국의 전문가들의 현장 방문을 수락하기로 하였다.

- 북한은 국제 핵비확산 체제의 강화에 기여하기 위해 남북미중 4자 평화협정 체결 및 유엔안보리의 제재 해제 결의 채택과 동시에 핵확산금지조약(NPT)과 국제원자력기구(IAEA)의 안전조치협정에 복귀하기로 하였다.

- 북한은 핵 신고의 완전성과 정확성을 검증하는 데에 적극 협력하기로 하였다. 이를 위해 IAEA의 추가의정서에도 NPT 복귀 7일 이내에 가입하기로 하였다.

- 3국은 IAEA 및 유관국들의 전문가들의 참여하에 '검증 의정서' 협의에 착수해 평화협정 체결과 동시

에 채택하기로 하였다.

 - 남과 북은 한반도 비핵화의 국제법적 위상과 구속력을 확보하기 위해 한반도 비핵지대 조약 체결과 비준을 2020년 이내에 완료하기로 하였다. 미국은 이 조약에 서명국으로 참여하겠다고 공약했으며 유엔 안보리 상임이사국들과 한반도 비핵지대 조약 체결을 협의하기로 하였다.


2. 세 정상들은 한반도 정전협정을 평화협정으로 대체하기 위한 협상 개시를 선언한다. 중국의 시진핑 주석도 이에 동의하였다는 점을 확인하면서 다음과 같이 합의했다.


 - 각국의 협상 대표는 차관급으로 정하며, 협상은 7일 이내에 개시하기로 하였다.
 - 평화협정 협상은 북한의 모든 핵무기와 핵물질이 러시아로의 이전 준비가 완료되었을 때까지 협정문을 완성할 것이며 러시아로의 이전이 완료되는 것과 동시에 체결식을 갖기로 하였다.
 - 평화협정 체결식에는 남북미중 정상들이 참석하기로

하였고 서명은 4개국 외교 장관들이 하기로 하였다.


3. 북한과 미국은 새로운 관계를 수립하기로 공약한 북미
공동성명을 이행하기 위한 구체적인 절차와 조치에 착수하
기로 하였다.


- 미국은 7일 이내에 북한 여행 금지조치를 해제하기
  로 하였고, 북미 양국은 연락사무소와 이익 대표부
  설치를 위한 협의에 착수하기로 하였다.
- 미국은 북한의 핵무기와 핵물질이 러시아로의 이전
  준비가 완료되었을 때 북한을 테러지원국 목록에서
  제외하기로 하였다.
- 북한과 미국은 러시아로 이전된 북한의 모든 핵무기
  와 핵물질이 폐기되었다고 공식적으로 선언될 때에
  양국 관계를 대사급 관계로 격상시키기로 하였다.
- 북한과 미국은 양국 간의 경제적 협력과 교류를 활
  성화하고 북한의 발전권을 보장하기 위해 미국의 독
  자 제재 완화와 해제를 포함한 조치들을 논의하기로
  하였다.

출판에 도움을 준 분들

강유홍, 고의숙, 권미영, 김성중, 김용섭, 김재룡, 김정미, 김종운, 김진하, 김혜경, 노승영, 대전충남민언련, 박연희, 박인환, 박일헌, 박희주, 서명진, 소용훈, 손계용, 손종수, 송준, 신은정, 신현수, 심종록, 오창균, 이강희, 이근우(이그누), 이정학, 이정화(Julie Lee), 이철영, 이혜숙, 임경훈, 정다운, 조명자, 진인수, 혜신명수(정혜신, 이명수)

국립중앙도서관 출판시도서목록(CIP)

비핵화의 최후 : 보이지 않는 전쟁 / 지은이: 정욱식. — 파
주 : 유리창, 2018
    p. ;   cm

ISBN 978-89-97918-26-3 03340 : ₩10000

한국 정치[韓國政治]
사회 비평[社會批評]

340.911-KDC6
320.9519-DDC23                    CIP2018036354

이 도서의 국립중앙도서관 출판예정도서목록(CIP)은 서지정보유통지원시스템 홈페이지
(http://seoji.nl.go.kr)와 국가자료공동목록시스템(http://www.nl.go.kr/kolisnet)에서
이용하실 수 있습니다.(CIP제어번호: CIP2018036354)

# 비핵화의 최후 : 보이지 않는 전쟁

**1판 1쇄 발행** 2018년 11월 20일

**지은이** 정욱식
**펴낸이** 우좌명
**펴낸곳** 출판회사 유리창
**출판등록** 제406-2011-000075호.(2011. 3. 16)
**주소** 10881 경기도 파주시 문발로 115 세종출판타운 402호
**전화** 031-955-1621
**팩스** 0505-925-1621
**이메일** yurichangpub@gmail.com

© 정욱식 2018

ISBN 978-89-97918-26-3 03340

\* 책값은 뒤표지에 있습니다.
\* 잘못된 책은 구입한 곳에서 바꿔드립니다.